Python – kurz & gut

Einführung

Python ist eine objektorientierte Skriptsprache, welche sowohl in eigenständigen Programmen als auch in Scripting-Applikationen breitgefächerte Aufgabengebiete abdeckt. Diese Taschenreferenz faßt Python-Anweisungen und -Typen, eingebaute Funktionen, häufig benutzte Bibliotheksmodule und andere wesentliche Merkmale der Sprache Python zusammen.

Diese Referenz deckt die Python-Version 1.5.1 und nachfolgende Releases ab. Das meiste gilt auch für frühere Versionen, die neuesten Spracherweiterungen ausgenommen.

Konventionen

[]

Angaben in eckigen Klammern sind normalerweise optional.

*

Etwas mit einem Stern dahinter kann beliebig oft wiederholt werden oder ganz fehlen.

1 Kommandozeilen-Optionen

```
% python [-diOSuvxXt?] [-c kommando|dateiname| - ][arg*]
```

-d

Schalte Debugging-Ausgabe für den Parser ein (für Profis).

-i

Gehe in den interaktiven Modus nach Ausführung eines Skripts oder Kommandos, ohne $PYTHONSTARTUP zu lesen. Nützlich zum Debuggen nach Programmende.

-O

Optimiere den generierten Bytecode.

`-S`

  Unterdrücke „import site" bei der Initialisierung.

`-u`

  Schalte Pufferung von stdout und stderr ganz aus.

`-v`

  Drucke bei jeder Initialisierung eines Moduls eine Meldung, die anzeigt, woher das Modul geladen wurde.

`-x`

  Überspringe die erste Quellzeile. Dies ermöglicht es, Nicht-UNIX-Schreibweisen von #!cmd zu benutzen.

`-X`

  Schalte klassenbasierte eingebaute Ausnahmen aus (für Rückwärtskompatibilität: erzwingt String-Ausnahmen).

`-t`

  Warnung bei gemischten Tabulatoren und Leerzeichen bei der Einrückung.

`-?`

  Drucke Kurzhilfe (ebenso bei falschen Optionen).

`-c` *kommando*

  Angabe eines auszuführenden Python-Kommandos als String.

dateiname

  Der Name einer auszuführenden Python-Datei.

`-`

  Lies Python-Kommandos von stdin (Voreinstellung); gehe in den interaktiven Modus, wenn stdin eine Konsole ist.

arg*

  Alles Weitere auf der Kommandozeile wird an das Skript oder Kommando weitergereicht (und erscheint in der Liste sys. argv[1:]).

HINWEIS

Ohne Skript oder Kommando geht Python in den interaktiven Modus (und benutzt GNUs readline für die Eingabe, wenn es installiert ist). Kommandozeilen-Optionen können zusammen geschrieben oder einzeln gelistet werden (z.B.: „python -vd" ist das gleiche wie „python -v -d").

---

2 Umgebungsvariablen

PYTHONPATH
  Erweitert den Standard-Suchpfad für Moduldateien. Das Format
  ist dasselbe wie das der $PATH-Variablen der jeweiligen Kom-
  mandosprache: Pfadnamen, die durch Doppelpunkte (Unix,
  MAC) oder Semikola (DOS/Windows) getrennt sind.

PYTHONSTARTUP
  Wenn mit dem Namen einer lesbaren Datei besetzt, werden
  diese Kommandos ausgeführt, bevor Python seine erste Eingabeaufforderung anzeigt (nur im interaktiven Modus).

PYTHONHOME
  Alternativer Präfix-Ordner für Bibliotheksmodule (oder *sys.pre-
  fix/exec_prefix*). Der Standard-Modulsuchpfad benutzt *sys.pre-
  fix/lib*.

PYTHONDEBUG
  Wenn nicht leer, gleiche Bedeutung wie Option -d.

PYTHONINSPECT
  Wenn nicht leer, gleichbedeutend mit Option -i.

PYTHONUNBUFFERED
  Wenn nicht leer, gleichbedeutend mit Option -u.

PYTHONVERBOSE
  Wenn nicht leer, gleichbedeutend mit Option -v.

3 Eingebaute Typen und Operatoren

Operatoren und Vorrang

Tabelle 3-1 zeigt Pythons Ausdrucksoperatoren. Operatoren in
den unteren Zellen der Tabelle haben höheren Vorrang (d.h. sie
binden stärker, wenn man sie in gemischten Ausdrücken unge-
klammert einsetzt).

Tabelle 3-1: Operatoren und Vorrang

Operatoren	Beschreibung
X or Y, lambda args: expr	logisches „oder" (Y wird nur ausgewertet, wenn X falsch ist), anonyme Funktion
X and Y	logisches „und" (Y wird nur ausgewertet, wenn X wahr ist)
not X	logische Negation
X < Y, X <= Y, X > Y, X >= Y X == Y, X <> Y, X != Y, X is Y, X is not Y, X in S, X not in S	Vergleichsoperatoren, Gleichheitsoperatoren, Identitätstests, Enthaltensein in Sequenzen
X | Y	bitweises „oder"
X ^ Y	bitweises „entweder-oder"
X & Y	bitweises „und"
X << Y, X >> Y	schiebe X links oder rechts um Y Bits
X + Y, X − Y	Addition/Verbinden, Subtraktion
X * Y, X / Y, X % Y	Multiplikation/Wiederholung, Teilen, Rest/Formatieren
-X, -X, ~X, X**Y	Negation, Identität, bitweises Komplement, Potenzierung
X[i], X[i:j], X.attr, X(...)	Indizieren, Teilbereich, Qualifizierung, Funktionsaufruf
(...), [...], {...}, `...`	Tupel, Liste, Dictionary, Repräsentation als String

Operationen nach Kategorien

Alle Typen unterstützen Vergleiche und Boolesche Operationen.

- Wahr ist jede Zahl, die nicht Null ist, sowie jedes nicht-leere Sammlungsobjekt (Liste, Dictionary usw.). Das spezielle Objekt None hat den Wahrheitswert Falsch.

- Vergleiche geben 1 oder 0 zurück und werden bei zusammengesetzten Objekten rekursiv angewandt, um ein Ergebnis zu erzielen.

- Boolesche *and-* und *or*-Operatoren stoppen, sobald ein Ergebnis bekannt ist (Kurzschluß), und geben den Operanden zurück, bei dem gestoppt wurde.

Tabelle 3-2: Vergleiche und Boolesche Operationen für alle Objekte

Operator	Beschreibung
X < Y	echt kleiner als
X <= Y	kleiner oder gleich
X > Y	echt größer als
X >= Y	kleiner oder gleich
X == Y	gleich (gleicher Wert)
X != Y	ungleich (wie X<>Y)
X is Y	gleiches Objekt
X is not Y	negierte Objekt-Gleichheit
X < Y < Z	verkettete Vergleiche
not X	wenn X falsch ist, dann 1, sonst 0
X or Y	wenn X falsch ist, dann Y, sonst X
X and Y	wenn X falsch ist, dann X, sonst Y

Die folgenden Tabellen definieren gemeinsame Operationen für die drei hauptsächlichen Typkategorien (Sequenz, Abbildung und Zahl) sowie verfügbare Operationen für Pythons änderbare Datentypen. Die meisten Typen exportieren dazu auch noch weitere, spezifischere Operationen als unten aufgelistet.

Tabelle 3-3: Sequenz-Operationen (Strings, Listen, Tupeln)

Operation	Beschreibung	Klassenmethode
X in S, X not in S	Test auf Enthaltensein	__getitem__
for X in S:	Durchlaufen	__getitem__
S + S	Zusammenfügen	__add__
S * N, N * S	Wiederholen	__mul__
S[i]	Indizierung mit Zahl	__getitem__
S[i:j]	Teilbereich	__getslice__
len(S)	Länge	__len__

Tabelle 3-3: Sequenz-Operationen (Strings, Listen, Tupeln) (Fortsetzung)

Operation	Beschreibung	Klassenmethode
min(S)	minimales Element	-keine-
max(S)	maximales Element	-keine-

Tabelle 3-4: Abbildungsoperationen (Dictionaries)

Operation	Beschreibung	Klassenmethode
D[k]	Indizierung mit Schlüssel	__getitem__
D[k] = X	Schlüsselzuweisung: ändere oder erzeuge Eintrag	__setitem__
del D[k]	lösche Eintrag über Schlüssel	__delitem__
len(D)	Länge (Anzahl der Einträge)	__len__

Tabelle 3-5: Numerische Operationen (Integer, Long, Float, Complex)

Operation	Beschreibung	Klassenmethode
X + Y, X - Y	Addieren, Subtrahieren	__add__, __sub__
X * Y, X / Y, X % Y	Multiplizieren, Dividieren, Rest	__mul__, __div__, __mod__
-X, +X	Negatives, Identität	__neg__, __pos__
X | Y, X & Y, X ^ Y	bitweises oder, und, exklusiv-oder (Integer)	__or__, __and__, __xor__
X << N, X >> N	bitweises Linksschieben, Rechtsschieben (Integer)	__lshift__, __rshif__
~X	Bit-Invertieren (Integer)	__invert__
X ** Y	X zur Potenz Y	__pow__
abs(X)	Absolutwert	__abs__
int(X)	wandle in Integer	__int__
long(X)	wandle in Long	__long__
float(X)	wandle in Float	__float__
complex (re, im)	erzeuge einen Complex	keine
divmod(X, Y)	Tupel: (X/Y, X%Y)	__divmod__
pow (X, Y [, Z])	X zur Potenz Y [modulo Z]	__pow__

Tabelle 3-6: Operationen auf aktualisierbaren Sequenzen (Listen)

Operation	Beschreibung	Klassenmethode
S[i] = X	Indizierte Zuweisung: ändere vorhandenen Eintrag	__setitem__
S[i:j] = S	Zuweisung an Teilbereich	__setslice__
del S[i]	Indizierten Eintrag löschen	__delitem__
del S[i:j]	löschen eines Teilbereichs	__delslice__

Anmerkung zu Sequenz-Operationen

Indizierung: S[i]

- Selektiert Komponenten an Positionen (erste Position ist 0).
- Negative Indizes zählen vom Ende.
- S[0] selektiert das erste Element.
- S[-2] selektiert das zweitletzte Element (S[len(S) − 2]).

Teilbereiche: S[i:j]

- Selektiert zusammenhängende Bereiche von Sequenzen.
- Bereichsgrenzen sind mit 0 und Länge der Sequenz vorbelegt.
- S[1:3] geht von Index 1 bis ausschließlich 3.
- S[1:] geht von Index 1 bis zum Ende (Länge).
- S[:-1] nimmt alles bis auf das letzte Element.
- Zuweisung an Teilbereiche ist wie Löschen und dann Einfügen.

Andere

- Zusammenfügung, Wiederholung und Teilbereichsbildung ergeben neue Objekte.

Besondere eingebaute Typen

Dieser Abschnitt umfaßt Zahlen, Strings, Listen, Dictionaries, Tupel und Dateien.

Zahlen

Basistypen (einfache Ganzzahlen, Fließkommazahlen) sowie fort-
geschrittenere Typen (komplexe, beliebig große Ganzzahlen).

Konstanten   Auf verschiedene Weise geschrieben.

```
1234, -24, 0
```
Normale Ganzzahlen (in C: long)

```
99999999L, 421
```
Lange Zahlen (unbegrenzte Größe)

```
1.23, 3.14e-10, 4E210, 4.0e+210
```
Fließkommazahlen (in C: double)

```
0177, 0x9ff
```
Oktale und hexadezimale Konstanten

```
3+4j, 3.0+4.0j, 3J
```
Komplexe Zahlen

Operationen   Alle Zahlenoperationen (Tabelle 3-5). In Ausdrük-
ken mit gemischten Typen konvertiert Python die Operanden bis
zum „höchsten" Typ, wobei Integer niedriger ist als Long, welches
niedriger ist als Float, welches wiederum niedriger ist als Complex. Siehe dazu auch die Module math, cmath und random.

Strings

Unveränderliche Vektoren aus Zeichen. Zugriff auf Einzelzeichen
und Teilbereiche wie bei allen Sequenzen.

Konstanten   Geschrieben als Zeichenketten in Anführungszeichen.

```
"Python's", 'Python"s'
```
Einfache und doppelte Anführungszeichen (Quotes) funktionieren gleichermaßen, aber können die jeweils andere Sorte
unverändert aufnehmen.

```
"""Dies ist ein mehrzeiliger Block mit zwei Zeilen"""
```
Dreifach quotierte Textblöcke packen Zeilen in einen einzigen
String mit Zeilenendezeichen zwischen den Zeilen.

```
'Python\'s\n'
```
Zeichen mit vorangestelltem Backslash (Tabelle 3-7) werden durch das Spezialzeichen ersetzt, das sie darstellen.

```
"Dies " "ist " "zusammengesetzt"
```
Nebeneinanderstehende Stringkonstanten werden zusammengefügt.

```
r'ein roher\string', R'ein\anderer'
```
Rohe Strings: Backslash wird nicht ausgewertet und bleibt im String (vornehmlich für reguläre Ausdrücke und DOS-Pfadangaben).

Tabelle 3-7: Ersatzzeichen in Strings

\	Zeilenende ignoriert (Fortsetzung)	\n	Zeilenvorschub
\\	Backslash (\)	\v	Vertikaltabulator
\'	einfaches Quote (')	\t	Horizontal-Tabulator
\"	Doppelquote (")	\r	Wagenrücklauf
\a	Glocke (Bell)	\f	Seitenvorschub
\b	Zurück (Backspace)	\0XX	cktaler Wert
\e	Escape	\xXX	hexadez. Wert
\0	Null (kein String-Ende!)	\otner	andere Zeichen

Operationen Alle Sequenz-Operationen (Tabelle 3-3) sowie die Stringformatierung mit %-Ausdrücken. Stringformatierung ersetzt spezielle, mit % beginnende Zielfelder des Formatstrings links vom % -Operator mit Werten auf der rechten Seite (ähnlich wie sprintf in C).

```
"The knights who say %s!" % "Ni!"
```
Ergebnis: 'The knights who say Ni!'

```
"%d %s %d you" % (1, 'spam', 4.0)
```
Ergebnis: '1 spam 4 you'

```
"%(n)d %(x)s" % {"n":1, "x":"spam"}
```
Ergebnis: '1 spam'

Generelles Zielformat:

```
%[(name)][schalter][breite][.genauigkeit]code
```

Schalter umfassen „-" (links ausrichten), „+" (numerisches Vorzeichen) und „0" (mit Nullen füllen); Breite ist die gesamte Feldbreite; Genauigkeit bezeichnet die Stellen nach dem „."; und Code ist ein Zeichen aus Tabelle 3-8. Siehe auch: Module string, re und regex sowie die eingebauten Funktionen.

Tabelle 3-8: Codezeichen zur Stringformatierung

s	String (oder jegliches Objekt)	X	wie x, Großbuchstaben
c	Zeichen	e	Fließkomma-1
d	Dezimal (Integer)	E	Fließkomma-2
i	Integer	f	Fließkomma-3
u	vorzeichenlos (Integer)	g	Fließkomma-4
o	Integer oktal	G	Fließkomma-5
x	Integer hexadezimal	%	Zeichen '%' selbst

Listen

Veränderbare (mutable) Vektoren von Objektreferenzen, numerisch indiziert.

Konstanten   Als durch Kommata unterteilte Werteliste geschrieben, innerhalb von eckigen Klammern.

```
[]
```
Eine leere Liste

```
[0, 1, 2, 3]
```
Eine Liste mit vier Elementen: Indizes 0..3

```
['spam', [42, 3.1415]]
```
Geschachtelte Unterliste: list[1][0] holt das Element 42.

Operationen   Alle Sequenz-Operationen (Tabelle 3-3), alle Operationen veränderlicher Sequenzen (Tabelle 3-6) sowie Listenmethoden:

```
list.append(x)
```
Füge Objekt x am Ende der Liste an (ändert Liste).

`list.sort([func])`

> Sortiere Liste (Liste wird geändert) aufsteigend nach Werten. Der Vergleich erfolgt über die eingebaute cmp-Funktion oder über die optionale Funktion func. Sie muß zwei Parameter besitzen und die Ordnung zweier Elemente über ihren Rückgabewert definieren (func(a, b) == -1, 0 oder +1, für „a vor b", „a wie b", „a nach b"). Siehe eingebaute cmp-Funktion.

`list.reverse()`

> Drehe die Reihenfolge der Listenelemente um (ändert Liste).

`list.index(x)`

> Gib den Index des ersten Auftretens von Objekt x in der Liste zurück oder erzeuge eine Ausnahme, wenn nicht gefunden.

`list.insert(i, x)`

> Füge Objekt x an der Stelle i in die Liste ein (wie list[i:i] = [x]).

`list.count(x)`

> Gib die Anzahl des Auftretens von x in der Liste zurück.

`list.remove(x)`

> Lösche das erste Auftreten von Objekt x aus der Liste oder erzeuge eine Ausnahme, wenn nicht gefunden.

Dictionaries

Änderbare Tabellen von Objektreferenzen, Zugriff durch Schlüssel.

Konstanten   Als durch Kommata unterteilte Reihe von „Schlüssel:Wert-Paaren" innerhalb geschweifter Klammern. Zuweisung an neue Schlüssel erzeugt neue Einträge. Jedes unveränderliche Objekt kann ein Schlüssel sein (Klasseninstanzen können auch als Schlüssel fungieren, wenn sie Methoden des Hash-Protokolls erben, siehe __hash__). Ungeordnete Sammlung (erweiterbare Hash-Tabellen).

`{}`

> Ein leeres Dictionary.

`{'spam': 2, 'eggs': 3}`

> Ein zweielementiges Dictionary: Schlüssel 'spam' und 'eggs'.

`{'info': {42: 1, type(""): 2}}`

> Verschachtelte Dictionaries: dict['info'][42] ergibt 1.

Operationen   Alle Abbildungsoperationen (Tabelle 3-4) sowie die folgenden Dictionary-spezifischen Methoden:

```
dict.has_key(k)
```
Ergibt 1 (wahr), wenn dict den Schlüssel k hat, sonst 0.

```
dict.keys()
```
Eine neue Liste mit allen Schlüsseln von dict.

```
dict.values()
```
Eine neue Liste mit allen Werten von dict.

```
dict.items()
```
Eine neue Liste mit allen Tupeln (Schlüssel, Wert), je ein Tupel pro Eintrag in dict.

```
dict.clear()
```
Lösche alle Einträge aus dict.

```
dict.copy()
```
Eine flache Kopie (oberste Ebene) von dict.

```
dict1.update(dict2)
```
Mischen (wie: for (k, v) in dict2.items(): dict1[k] = v).

```
dict.get(key [, default])
```
Ähnlich wie dict[key], aber ergibt default (oder None), anstatt eine Ausnahme zu erzeugen, wenn der Schlüssel nicht existiert.

Tupel

Unveränderliche Vektoren aus Objektreferenzen, numerisch indiziert.

Konstanten   Geschrieben als durch Kommata unterteilte Reihe von Werten, in runde Klammern eingeschlossen. Die umschließenden Klammern können manchmal weggelassen werden, etwa in Schleifenköpfen oder Zuweisungen mit „=". Tupel mit einem Element brauchen ein extra Komma, um sie von geklammerten Ausdrücken zu unterscheiden.

```
()
```
Ein leeres Tupel.

```
(0,)
```
Tupel mit einem Element (kein einfacher Ausdruck, man beachte das Komma).

```
(0, 1, 2, 3)
```
Tupel mit vier Elementen.

```
0, 1, 2, 3
```
Das gleiche Vierer-Tupel in anderer Schreibweise.

```
('spam', (42, 'eggs'))
```
Verschachtelte Tupel.

Operationen   Alle Sequenzoperationen (Tabelle 3-3).

Dateien

Die eingebaute Funktion open erzeugt ein stdio-Dateiobjekt mit den untenstehenden Methoden. Siehe auch: Beschreibung der eingebauten Funktion open, Benutzung von shelve und dbm, Deskriptor-basierte Dateifunktionen in Modul os (posix). Manche Dateimodi erlauben, eine Datei gleichzeitig für Lese- und Schreibzugriff zu öffnen.

Eingabe-Dateien

```
input = open('data.txt', 'r')
```
Erzeuge ein Eingabe-Dateiobjekt ('r' für read/lesen).

```
input.read()
```
Lies die gesamte Datei als einen einzigen String.

```
input.read(N)
```
Lies maximal N bytes (1 oder mehr).

```
input.readline()
```
Lies nächste Zeile (bis einschließlich Zeilenende-Zeichen).

```
input.readlines()
```
Lies ganze Datei als Liste von Zeilen-Strings mit Endezeichen.

Ausgabe-Dateien

```
output = open('/tmp/spam', 'w')
```
Erzeuge ein Ausgabe-Dateiobjekt ('w' für write/schreiben).

```
output.write(S)
```
Schreibe String S in die Datei.

```
output.writelines(L)
```
Schreibe alle Zeilenstrings in Liste L in die Datei. Achtung: Zeilenendezeichen sind Sache des Benutzers.

Alle Dateien

`file.close()`

Manuelles Schließen (automatisch bei Zerstörung des Objekts).

`file.tell()`

Gibt die aktuelle Position in der Datei (wie ftell in C).

`file.seek(offset [, whence])`

Setzt die aktuelle Position für wahlfreien Zugriff (wie fseek in C). whence bestimmt, von wo aus gezählt wird. 0 zählt von vorne (Voreinstellung), 1 relativ zur aktuellen Position, 2 vom Ende.

`file.isatty()`

Ergibt 1, wenn die Datei mit einem konsolenähnlichen (tty) interaktiven Gerät verbunden ist.

`file.flush()`

Leere den stdio-Puffer der Datei (wie fflush in C). Nützlich für Kanäle (pipes), wenn ein anderer Prozeß versucht zu lesen.

`file.truncate([size])`

Schneide die Datei bis auf maximal size Bytes ab (oder bei der aktuellen Position, wenn size nicht angegeben wurde). Nicht auf allen Plattformen verfügbar.

`file.fileno()`

Gib Dateinummer (Integer-Zahl des internen Datei-Deskriptors) von file zurück.

Typkonvertierungen

Die folgenden Tabellen definieren eingebaute Hilfsmittel zum Konvertieren zwischen verschiedenen Typen.

Tabelle 3-9: Konvertierung von Sequenzen

Konvertierer	wandelt von	wandelt nach
`list(X)`, `map(None, X)`	String, Tupel, benutzer- definierte Sequenz	Liste
`tup'e(X)`	String, Liste, benutzerdefinierte Sequenz	Tupel
`string.join(X, ")`	Liste oder Tupel aus Strings	String

Tabelle 3-10: String/Objekt-Konvertierer

Konvertierer	wandelt von	wandelt nach
`eval(S)`	String	jegliches Objekt, wenn syntaktisch korrekt
`string.atoi(S)`, `string.atof(S)`, `string.atol(S)`	String	Integer, Float, Long
`int(S)`, `float(S)`, `long(S)`	String oder Zahl	Integer, Float, Long
`repr(X)`, `` `X` `` (Rückwärtsquotes)	jegliches Python-Objekt	String
`X % Y` (String-Formatierung)	Objekte, für die es Formatcodes gibt	String

4 Anweisungen und Syntax

Syntaxregeln

Regeln für das Schreiben von Python-Programmen.

Kontrollfluß

Anweisungen werden der Reihe nach abgearbeitet, außer es werden den Kontrollfluß ändernde, zusammengesetzte Anweisungen verwendet (if, while, for, raise, Aufrufe …).

Blöcke

Blöcke werden dadurch abgegrenzt, daß alle ihre Anweisungen um die gleiche Anzahl Leerzeichen oder Tabulatoren eingerückt werden. Ein Tabulator entspricht soviel Leerzeichen, bis die Spaltennummer das nächste Vielfache von acht erreicht.

Anweisungen

Anweisungen gehen normalerweise bis zum Zeilenende, können sich aber über mehrere Zeilen fortsetzen, wenn die Zeile mit \ endet, ein Klammernpaar wie (), [] oder {} nicht geschlossen wurde oder aber ein dreifach quotierter String offen ist. Mehrfache Anweisungen in einer Zeile werden mit Semikola (;) getrennt.

Kommentare

Kommentare beginnen mit einem Doppelkreuz # (aber nicht innerhalb einer Stringkonstante) und gelten bis zum Zeilenende.

Dokumentationsstrings

Wenn eine Funktion, Moduldatei oder eine Klasse mit einer Stringkonstante beginnt (abgesehen von Kommentaren), wird diese im __doc__-Attribut des Objekts gespeichert.

Namensregeln

Regeln für benutzerdefinierte Namen in Programmen.

Format

Benutzerdefinierte Namen beginnen mit einem Buchstaben oder Unterstrich („_"), gefolgt von beliebig vielen Buchstaben, Unterstrichen oder Ziffern.

Reservierte Wörter

Die von Python reservierten Wörter sind von den benutzerdefinierten Namen ausgeschlossen (aufgeführt in Tabelle 4-1).

Signifikante Schreibweise

Benutzerdefinierte Namen und reservierte Wörter sind immer schreibweisensignifikant: SPAM und spam sind verschieden.

Nicht verwendete Zeichen

Python benutzt die Zeichen @, $ und ? nicht in der Sprache; in Stringkonstanten können sie auftauchen.

Erzeugung

Benutzerdefinierte Namen werden erzeugt, wenn ihnen zugewiesen wird, sie müssen aber existieren, bevor auf sie Bezug genommen wird.

Tabelle 4-1: Reservierte Wörter

and	assert	break	class
continue	def	del	elif
else	except	exec	finally
for	from	global	if
import	in	is	lambda

Tabelle 4-1: Reservierte Wörter (Fortsetzung)

not	or	pass	print
raise	return	try	while

Spezifische Anweisungen

Im nachstehenden Text steht `folge` für eine oder mehrere Anweisungen (Anweisungsfolge). Zusammengesetzte Anweisungen (if, while usw.) bestehen aus Kopfzeilen und Anweisungsfolgen, die direkt die Kopfzeile erweitern oder einen eigenen, eingerückten Block bilden (der Normalfall). Anweisungsfolgen mit eigenen, zusammengesetzten Anweisungen müssen in jedem Falle eine neue Zeile beginnen und eingerückt werden. (Faustregel: Nur ein Doppelpunkt pro Zeile.)

Zuweisung

```
ziel = ausdruck
ziel1 = ziel2 = ausdruck
ziel1, ziel2 = ausdruck1,ausdruck2
(ziel1, ziel2...) = gleich-lange-Sequenz
[ziel1, ziel2...] = gleich-lange-Sequenz
```

Speichert Referenzen auf Objekte in Zielen. Ausdrücke geben Objekte zurück. Ziele können einfache Namen sein (X), qualifizierte Attribute (X.attr) oder Indizes und Teilbereiche (X[i], X[i:j]).

• Die zweite Form weist dasselbe Objekt ausdruck jedem Ziel zu.

• Die dritte Form weist paarweise zu, von links nach rechts.

• Die beiden letzten Formen weisen Komponenten einer beliebigen Sequenz Zielen in Tupeln oder Listen zu, von links nach rechts. Die Sequenz rechts kann jeden Typ haben, aber muß die gleiche Länge wie die Sequenz mit den Zielen aufweisen.

Ausdrücke

```
ausdruck
funktion([wert, name=wert, ...])
objekt.methode([wert, name=wert, ...])
```

Jeder Ausdruck kann auch als Anweisung erscheinen (aber nicht umgekehrt). Häufig benutzt, um Funktionen aufzurufen, sowie im interaktiven Modus, um Ergebniswerte anzusehen.

In Funktions- und Methodenaufrufen werden konkrete Parameter durch Kommata getrennt. Parameter können auch mit Namen übergeben werden, in der Schreibweise name=wert. Unbenannte Parameter können nur vor benannten Namen in der Parameterliste auftauchen.

Die print-Anweisung

```
print wert [, wert]* [,]
```

Gibt eine druckbare Darstellung der Objekte auf dem Ausgabe-strom aus (sys.stdout). Zwischen Werten werden Leerzeichen eingefügt. Ein nachstehendes Komma unterdrückt den Zeilenvor-schub am Ende.

Die if-Anweisung

```
if test: folge
[elif test: folge]*
[else: folge]
```

Wählt aus einer oder mehreren Aktionen (Anweisungsblöcken) aus. Ausgeführt wird die folge, die zum ersten if oder eliftest mit Ergebnis „Wahr" gehört, oder die else: folge, wenn alle anderen „Falsch" ergeben.

Die while-Anweisung

```
while test: folge
[else: folge]
```

Allgemeine Schleifen. Führt die erste folge aus, solange der test am Anfang „Wahr" ergibt. Führt die else: folge aus, wenn die Schleife normal ohne Break-Anweisung verlassen wird.

Die for-Anweisung

```
for ziel in sequenz: folge
[else: folge]
```

Schleife über Sequenzen. Weist die Elemente in sequenz nachein-
ander an ziel zu und führt dann jedesmal die erste folge aus. Führt
die else: folge aus, wenn die Schleife normal ohne break-Anweisung verlassen wird.

Die pass-Anweisung

```
pass
```

Eine Platzhalter-Anweisung, die nichts tut (nötig, wenn syntaktisch
eine Folge gebraucht wird, aber keine Aktion erwünscht ist).

Die break-Anweisung

```
break
```

Beendet unmittelbar die innerste umgebende for- oder while-
Schleife, wobei ein eventuell dazugehöriges else übersprungen
wird.

Die continue-Anweisung

```
continue
```

Geht unmittelbar zum Anfang der innersten umfassenden for-
oder while-Schleife und setzt die Abarbeitung der Kopfzeile fort.

Die del-Anweisung

```
del name
del name [i]
del name [i:j]
del name.attribut
```

Löscht Komponenten und Namen.

Die exec-Anweisung

```
exec codestring [in globaldict [, localdict]]
```

Kompiliert Programmtext und führt ihn aus. codestring muß eine
gültige Python-Anweisungsfolge oder ein bereits vorher kompiliertes Codeobjekt sein. Die Ausführung erfolgt im gleichen
Namensraum, in dem die exec-Anweisung läuft, oder in den
optionalen globalen und lokalen Namensraum-Dictionaries. Vor-

einstellung für localdict ist globaldict. Siehe auch die eingebauten Funktionen compile und eval.

Die def-Anweisung

```
def name([arg, arg=wert, *arg, **arg]): folge
```

Bildet neue Funktionen. Ein Funktionsobjekt wird erzeugt und an name zugewiesen. Jeder Funktionsaufruf erzeugt einen neuen, lokalen Gültigkeitsbereich, wobei zugeordnete Namen lokal für den Funktionsaufruf gelten (außer man deklariert sie global). Argumente werden per Zuweisung übergeben und können folgende Formen haben:

- arg (einfacher Name)
- arg=wert (Voreinstellung für weggelassenes Argument)
- *arg (nimmt alle zusätzlichen Positionsargumente auf)
- **arg (nimmt alle zusätzlichen Schlüsselwortargumente auf)

Funktionen können auch über einen Lambda-Ausdruck erzeugt werden: „lambda arg, arg ...: ausdruck" (arg wie bei def).

Die return-Anweisung

```
return [ausdruck]
```

Verläßt die umschließende Funktion und gibt den Wert von ausdruck als Ergebnis des Funktionsaufrufs zurück. Für Funktionen mit mehreren Rückgabewerten setzt man Tupel ein.

Die global-Anweisung

```
global name [, name]*
```

Namensraum-Deklaration: Innerhalb einer Klasse oder einer Funktion wird das Auftreten von name als Referenz auf eine Variable im globalen Namensraum behandelt (Modul-Ebene), unabhängig davon, ob diese existiert oder nicht. Dies ist nur nötig, wenn aus einer Klasse oder Funktion heraus an die globale Variable zugewiesen werden soll. (Hinweis: Man kann die global-Anweisung vermeiden, indem man anstatt globaler Variablen Attribute eines globalen Objekts einsetzt.)

Die import-Anweisung

```
import modul [, modul]*
import [packung.]* modul [, [packung.]* modul]*
```

Modul-Zugriff: Importiert ein Modul als Ganzes und bereitet den späteren Zugriff auf seine Namen vor. modul ist der Name des Moduls – eine Python-Datei oder ein kompiliertes Modul ohne seine Dateinamensendung (z.B. „.py"). Zuweisungen auf oberster Ebene einer Python-Datei erzeugen Modul-Attribute (global für das Modul). Sofern benutzt, bedeutet packung umschließende Dateiordner, die zum Modul führen. (Solche Ordner müssen jeweils eine Datei __init__.py haben, um als Packung gelten zu können.)

Die from-Anweisung

```
from [packung.]* modul import *
from [packung.]* modul import name [, name]*
```

Zugriff auf Namen in Modulen: Importiert (kopiert) Namen aus einem Modul heraus, die nachher ohne Qualifizierung benutzt werden. Die „from modul import *"-Form kopiert alle Namen, die auf oberster Ebene des Moduls definiert sind (abgesehen von Namen, die mit dem Unterstrich „_" beginnen).

Die class-Anweisung

```
class name [(super [, super]*)]: folge
```

Bildet neue Klassen. Erzeugt ein neues Klassenobjekt und weist es name zu. Die class-Anweisung führt einen neuen lokalen Namensraum ein. Wichtige Besonderheiten von Klassen (siehe dazu auch den Abschnitt über objektorientierte Programmierung):

- Superklassen (auch Oberklassen), von denen eine neue Klasse erbt, werden im Kopf der Klasse in Klammern gelistet.
- Zuweisungen in der Anweisungsfolge erzeugen Klassenattribute, die von Instanzen geerbt werden: defs werden zu Methoden usw.

- Aufrufe der Klasse erzeugen Instanzobjekte, wobei jedes seine eigenen sowie die von der Klasse geerbten Attribute besitzt.

- Methodendefinitionen mit besonderen vordefinierten Namen überschreiben das Verhalten von Operatoren.

Die try-Anweisung

```
try: folge
[except [name [,daten]]: folge]*
[else: folge]

try: fo ge
finally: folge
```

Fängt Ausnahmen auf. try-Anweisungen können except-Klauseln spezifizieren, die als Behandlungsroutinen benutzt werden. else-Klauseln werden ausgeführt, wenn in try: folge keine Ausnahme stattfindet. finally-Klauseln werden immer ausgeführt, ob eine Ausnahme stattfand oder nicht. Man beachte, daß es stets nur eine der obigen Formen gibt. (Umgehung duch Ineinanderschachteln.) Tabelle 4-2 listet alle Klauseln auf, die in einem try auftauchen können.

Tabelle 4-2: Formen von Klauseln in try-Anweisungen

Form der Klausel	Interpretation
except:	Fange alle (anderen) Ausnahmen ab
except name:	Fange spezifische Ausnahme ab
except name, wert:	Fange Ausnahme mit Zusatzwert ab
except (name1, name2):	Fange eine der Ausnahmen ab
else:	Ausführung, wenn keine Ausnahme
finally:	Führe immer aus beim Verlassen

Die raise-Anweisung

```
raise string
```
   Passend zu einem except mit demselben String-Objekt.

```
raise string, daten
```
   Ausnahme mit Zusatzdaten (default = None).

```
raise klasse, instanz
```
Passend zu except mit Klasse oder deren Oberklasse.

```
raise instanz
```
Gleichbedeutend mit: raise instanz.__class__, instanz.

```
raise
```
Neuerliches Auslösen der aktuellen Ausnahme.

Löst Ausnahmen aus. Die Kontrolle wird an die nächste aktive try-Anweisung übergeben, die zur Ausnahme oder zur Hauptebene des Prozesses paßt. Kann zum Auslösen interner oder benutzerdefinierter Ausnahmen eingesetzt werden. Ausnahmen können Stringobjekte sein (die ersten beiden Formen), Klassen oder Klasseninstanzen (die zweiten beiden Formen). Ohne jegliche Argumente wird die aktuelle Ausnahme von neuem ausgelöst.[1]

Die assert-Anweisung

```
assert ausdruck [, meldung]
```

Prüfung zur Fehlersuche (Debugging). Wenn ausdruck „Falsch" ergibt, wird AssertionError ausgelöst, mit meldung als Extrainformation, sofern angegeben. Der Kommandozeilenschalter -O entfernt assert aus dem kompilierten Code.

5 Namensraum und Gültigkeitsregeln

- Namen werden erzeugt, wenn an sie zugewiesen wird, müssen aber existieren, bevor sie referenziert werden (zeitlich).

- Unqualifizierte Namen („X") unterliegen Geltungsbereichen.

- Qualifizierte Namen („objekt.X") unterliegen Objektnamensräumen.

- Zuweisungen in gewissen Geltungsbereichen initialisieren Namensbereiche von Objektattributen (Module, Klassen).

---

1 Zwecks Rückwärtskompatibilität darf man auch sagen „raise klasse [, arg]" oder „raise klasse, (arg, arg,...)", was das gleiche ist wie die Instanz-Form „raise class (arg...)".

Unqualifizierte Namen: Global, wenn nicht zugewiesen

Zuweisung: X = wert
> Macht den Namen lokal: Erzeugt oder ändert den Namen X im aktuellen lokalen Geltungsbereich, sofern nicht als global deklariert.

Referenz: X
> Sucht den Namen X im aktuellen lokalen Geltungsbereich, dann im aktuellen globalen Bereich und schließlich im Bereich der „eingebauten" Objekte.

Qualifizierte Namen: Namensräume von Objekten

Zuweisung: objekt.X = wert
> Erzeugt oder ändert den Attributnamen X im Namensraum des referenzierten Objekts objekt.

Referenz: objekt.X
> Sucht nach dem Attributnamen X im Objekt und dann in allen Klassen oberhalb, auf die zugegriffen werden kann (bei Instanzen und Klassen).

Tabelle 5-1: Geltungsbereiche für unqualifizierte Namen

Kontext	globaler Bereich	lokaler Bereich
Modul	wie lokal	das Modul selbst
Funktion, Methode	umfassendes Modul	Funktionsaufruf
Klasse	umfassendes Modul	Class-Anweisung
Skript, interaktiver Modus	wie lokal	Modul __main__
exec. eval	Globalbereich des Aufrufenden (oder übergeben)	Lokalbereich des Aufrufenden (oder übergeben)

6 Objektorientierte Programmierung

Klassen sind Pythons hauptsächliches OOP-Werkzeug. Sie erlauben mehrfache Kopien, Attributvererbung und das Überladen von Operatoren.

Klassen und Instanzen

Klassenobjekte bieten Standardverhalten

- Die class-Anweisung erzeugt ein Klassenobjekt und weist es einem Namen zu.

- Zuweisungen innerhalb von Klassenanweisungen erzeugen Klassenattribute, welche Objektzustand und Verhalten exportieren.

- Klassenmethoden sind eingerückte defs mit einem speziellen ersten Argument, welches die Instanzvariable aufnimmt.

Instanzobjekte werden aus Klassen erzeugt

- Eine Klasse wie eine Funktion aufzurufen generiert ein neues Instanzobjekt.

- Jedes Instanzobjekt erbt Klassenattribute und bekommt seinen eigenen Namensraum für Attribute.

- Zuweisung über das erste Argument („self") in Methoden erzeugt instanzspezifische Attribute.

Vererbungsregeln

- Vererbung findet bei der Attributqualifizierung statt: Bei `objekt.attribut`, wenn objekt eine Klasse oder eine Instanz ist.

- Klassen erben Attribute von allen in der Kopfzeile ihrer Klassenanweisung aufgelisteten Klassen (Oberklassen). Durch Angabe mehrerer Klassen bewirkt man Mehrfachvererbung.

- Instanzen erben Attribute der Klasse, die sie generiert hat, sowie all deren Oberklassen.

- Der Vererbungsmechanismus durchsucht zunächst die Instanz, dann deren Klasse, dann alle erreichbaren Oberklassen (Tiefe zuerst, von links nach rechts) und benutzt die erste gefundene Version eines Attributnamens.

Spezielle Überladungsmethoden

Klassen fangen eingebaute Operationen ab und implementieren sie, indem sie Methoden mit speziellen Namen definieren. Diese beginnen und enden mit zwei Unterstrichen. Python ruft die Überladungsmethoden einer Klasse automatisch auf, wenn eine Instanz in Ausdrücken und anderen Kontexten auftritt.

Für alle Typen

`__init__(self [, arg]*)`
  Bei klasse(args…). Konstruktor: Initialisiert neue Instanz self.

`__del__(self)`
  Bei Entsorgung einer Instanz. Aufräumen, wenn die Instanz freigegeben wird. Eingebettete Objekte werden automatisch freigegeben, wenn das umfassende Objekt freigegeben wird (außer es existieren noch Referenzen von anderswo).

`__repr__(self)`
  Bei `self`, print self, repr(self). Gibt Stringrepräsentation zurück.

`__str__(self)`
  Bei str(self), print self (oder benutzt __repr__, wenn definiert). Gibt Stringrepräsentation zurück.

`__cmp__(self, other)`, `__rcmp__`
  Bei self > x, x == self, cmp(self, x) usw. Fängt alle Vergleiche ab: Gibt -1, 0 oder 1 für kleiner, gleich oder größer.

`__hash__(self)`
  Bei dictionary[self], hash(self). Gibt einen eindeutigen und unveränderlichen Integer-Hash-Schlüssel zurück.

---

2 Wenn kein __str__ definiert ist, dann wird das Objekt statt dessen als Ergebnis von __repr__ angezeigt (oder voreingestellte Form, wenn kein __repr__).

`__call__(self [, arg]*)`

> Bei self(args…). Aufruf einer Instanz wie eine Funktion.

`__getattr__(self, name)`

> Bei self.name (nur wenn Zugriff auf undefiniertes Attribut). name ist ein String. Gibt Objekt oder löst AttributeError aus.

`__setatt__(self, name, wert)`

> Bei self.name=wert (alle Attributzuweisungen). Intern bitte über `__dict__` zuweisen, um Endlosschleifen zu vermeiden: self.attr=x innerhalb eines `__setattr__` ruft wieder `__setattr__` auf.

`__delattr__(self, name)`

> Bei del self.name (alle Löschungen von Attributen).

Für Sammlungen (Sequenzen, Abbildungen)

`__len__(self)`

> Bei len(self) und Wahrheitswertabfragen. Gibt Länge der Sammlung zurück. Null bedeutet „Falsch‘.

`__getitem__(self, key)`

> Bei self[key], x in self, for x in self. Implementiert alle indizierungsbezogenen Operationen. Enthaltensein und Schleifenbildung (in, for) indizieren wiederholt ab 0 mit IndexError als Abbruchkriterium.

`__setitem__(self, key, wert)`

> Bei self[key]=wert. Zuweisung per Schlüssel oder Index der Sammlung.

`__delitem__(self, key)`

> Bei del self[key]. Komponentenlöschung über Index/Schlüssel.

`__getslice__(self, low, high)`

> Bei self[low:high]. Teilbereichsbildung.

`__setslice__(self, low, high, seq)`

> Bei self[low:high]=seq. Zuweisung an Teilbereich.

`__delslice__(self, low, high)`

> Bei del self[low:high]. Löschung eines Teilbereichs.

Für Zahlen (Dyadische Operatoren)[3]

`__add__(self, other)`, `__radd__`
   Bei self + other, other + self. Numerische Addition oder Sequenzverbindung.

`__sub__(self, other)`, `__rsub__`
   Bei self – other, other – self.

`__mul__(self, other)`, `__rmul__`
   Bei self * other, other * self. Numerische Multiplikation oder Sequenzwiederholung.

`__div__(self, other)`, `__rdiv__`
   Bei self / other, other / self.

`__mod__(self, other)`, `__rmod__`
   Bei self % other, other % self.

`__divmod__(self, other)`, `__rdivmod__`
   Bei divmod(self, other).

`__pow__(self, other)`, `__rpow__`
   Bei pow(self, other), self ** other.

`__lshift__(self, other)`, `__rlshift__`
   Bei self << other, other << self.

`__rshift__(self, other)`, `__rrshift__`
   Bei self >> other, other >> self.

`__and__(self, other)`, `__rand__`
   Bei self & other, other & self.

`__xor__(self, other)`, `__rxor__`
   Bei self ∧ other, other ∧ self.

`__or__(self, other)`, `__ror__`
   Bei self | other, other | self.

Für Zahlen (andere)

`__neg__(self)`
   Bei -self.

`__pos__(self)`
   Bei +self.

---

3 Dyadische Operatormethoden haben ein rechtsseitiges Pendant, welches mit „r"
beginnt: `__add__` und `__radd__`.

`__abs__(self)`
    Bei abs(self).

`__invert__(self)`
    Bei ~self.

`__int__(self)`
    Bei int(self).

`__long__(self)`
    Bei long(self).

`__float__(self)`
    Bei float(self).

`__oct__(self)`
    Bei oct(self). Gibt oktale Stringrepräsentation zurück.

`__hex__(self)`
    Bei hex(self). Gibt hexadezimale Stringrepräsentation zurück.

`__nonzero__(self)`
    Bei Wahrheitswert (oder benutzt `__len__`, sofern definiert).

`__coerce__(self, other)`[4]
    Bei Ausdrücken gemischten Typs sowie coerce(). Ergibt Tupel aus (self, other) nach Konvertierung zu einem gemeinsamen Typ.

Rechtsseitige Varianten haben die gleiche Argumentliste, aber „self" stammt von der rechten Seite des Operators. Die 'r'-Form wird nur dann aufgerufen, wenn die Instanz rechts steht und der linke Operand keine Instanz ist oder keine entsprechende Methode definiert:

- Instanz + Nicht-Instanz => `__add__`

- Instanz_mit_add + Instanz => `__add__`

- Instanz_ohne_add => `__radd__`

- Nicht-Instanz + Instanz => `__radd__`

---

4 Wenn `_coerce_` definiert ist, wird es aufgerufen, bevor jegliche reale Operatormethode versucht wird (z.B. vor `_add_`). Es sollte ein Tupel mit zu einem gemeinsamen Typ konvertierten Versionen der Operanden zurückliefern (oder None, wenn keine Konvertierung möglich). Sequenztypen, die + und * überladen, definieren kein `_coerce__`.

HINWEIS

Klassen dürfen überladene Operatoren nach Gutdünken interpretieren: Numerische und Sammlungsmethoden dürfen gemischt werden.

Private Attribute

- Per Voreinstellung sind alle Attributnamen in Modulen und Klassen überall sichtbar.

- Namen wie „_X" in Modulen werden nicht mitkopiert, wenn man „from module import *" benutzt.

- In Python 1.5 (und nachfolgenden Versionen) werden Namen wie „__X" in Klassenanweisungen in „_klasse__X" umgesetzt, um sie für die umgebende Klasse lokal verfügbar zu machen.

7 Eingebaute Funktionen

Alle eingebauten Namen (Funktionen und Ausnahmen) befinden sich in einem äußeren Geltungsbereich, welcher dem Modul __builtin__ entspricht. Sie sind in jedem Programm auch ohne Import verfügbar, ohne dabei reservierte Wörter zu sein.

abs(N)
    Ergibt den Absolutwert einer Zahl N.

apply(func, args [, keys])
    Ruft das Objekt func (eine Funktion, Methode oder Klasse) auf, wobei Stellungsparameter im Tupel args sowie Schlüsselwortparameter im Dictionary keys übergeben werden. Zurückgegeben wird der Funktionswert.

callable(objekt)
    Ergibt 1, wenn das Objekt aufrufbar ist, sonst 0 .

chr(I)
    Ergibt einen String aus einem Zeichen, dessen ASCII-Code der Integer I ist.

cmp(X, Y)

Ergibt einen negativen Integer, Null oder einen positiven Integer, um die Fälle (X < Y), (X == Y) oder (X > Y) anzuzeigen.

coerce(X, Y)

Ergibt ein Tupel mit dem Ergebnis der Konvertierung der numerischen Argumente X und Y zu einem gemeinsamen Typ.

compile(string, dateiname, art)

Kompiliert string in ein Codeobjekt. string ist ein Python-String, der Python-Programmcode enthält. dateiname ist ein String, welcher für Fehlermeldungen benutzt wird, und normalerweise der Name der Quelldatei oder '<string>' bei interaktiver Eingabe. art muß 'exec' sein, wenn String Anweisungen enthält, 'eval' bei Ausdrücken oder 'single' für eine einzelne interaktive Anweisung (im letzteren Fall werden Ausdrücke, die nicht None ergeben, gedruckt). Das resultierende Objekt kann mit exec-Anweisungen oder eval-Aufrufen ausgeführt werden.

complex(real [, imag])

Erzeugt ein komplexes Zahlenobjekt (kann auch mit einem J-oder j-Suffix erreicht werden: real+imag J). imag ist mit 0 voreingestellt.

delattr(objekt, name)

Löscht das Attribut namens name (ein String) im Objekt objekt. Ähnlich wie del obj.name, aber name ist ein String.

dir([objekt])

Ohne Argumente wird eine Liste aller Namen im aktuellen lokalen Geltungsbereich (Namensraum) zurückgegeben. Mit einem Objekt, welches Attribute besitzt, ist das Ergebnis eine Liste aller Attributsnamen dieses Objekts. In Version 1.5 funktioniert dies nicht nur bei Modulen, Klassen und Klasseninstanzen, sondern ebenso bei eingebauten Objekten mit Attributen (Listen, Dictionaries usw.).

divmod(X, Y)

Ergibt ein Tupel aus (X / Y, X % Y).

`eval(expr [, globals [, locals]])`

Wertet expr aus unter der Annahme, daß es sich um einen String mit einem gültigen Python-Ausdruck oder um ein kompiliertes Python-Objekt handelt. expr wird im Namensraum des eval-Aufrufs ausgewertet, es sei denn, es wurden Dictionaries in den globals- und/oder locals-Argumenten angegeben. locals hat globals zur Voreinstellung. Siehe auch: compile-Funktion und exec-Anweisung.

`execfile(file [, globals [, locals]])`

Wie exec, aber führt den Code einer Datei aus, deren Name übergeben wird (anstatt einer Anweisungsfolge). Anders als beim Importieren wird kein neues Modul kreiert. Rückgabewert ist None.

`filter(funktion, sequenz)`

Konstruiert eine Liste aus allen Elementen der Sequenz, für die funktion „Wahr" ergibt. funktion benötigt ein Argument. Wenn funktion None ist, werden alle Elemente mit Wahrheitswert „Wahr" zurückgegeben.

`float(X)`

Konvertiert eine Zahl oder einen String X in eine Fließkommazahl.

`getattr(objekt, name)`

Ergibt den Wert von Attribut name (ein String) des Objekts objekt. Ähnlich wie obj.name, aber name ist ein String.

`globals()`

Ergibt einen Dictionary mit allen globalen Variablen des Aufrufers, d.h. den Namen und Werten des umfassenden Moduls.

`hasattr(objekt, name)`

Ergibt „Wahr", wenn das Objekt ein Attribut mit Namen name (ein String) besitzt.

`hash(objekt)`

Ergibt den Hash-Wert des Objekts, sofern es einen besitzt.

`hex(N)`

Konvertiert eine Zahl N in einen hexadezimalen String.

`id(objekt)`

Gibt die eindeutige Identität eines Objekts als Integer zurück (seine Adresse im Speicher).

`__import__(name [,globals [,locals [,fromlist]]])`

Importiert ein Modul und gibt es als Wert zurück. globals, locals und fromlist haben besondere Regeln. Für Details siehe das Bibliotheks-Referenzhandbuch der Python-Distribution.

`input([prompt])`

Druckt prompt, wenn angegeben. Liest dann eine Zeile vom stdin-Strom, wertet sie als Python-Ausdruck aus und liefert den Wert ab. Wie eval(raw_input(prompt)).

`int(X)`

Konvertiert eine Zahl oder einen String X in einen einfachen Integer.

`intern(string)`

Trägt string in die Tabelle der „internalisierten Strings" ein und liefert string ab. Internalisierte Strings sind „unsterblich".

`isinstance(objekt, klasse)`

Ergibt „Wahr", wenn objekt eine Instanz von klasse ist (funktioniert auch mit Typen).

`issubclass(klasse1, klasse2)`

Ergibt „Wahr", wenn klasse1 von klasse2 abgeleitet wurde.

`len(objekt)`

Ermittelt die Anzahl der Elemente (Länge) in einem Sammlungsobjekt. Arbeitet sowohl auf Sequenzen als auch mit Abbildungen.

`list(sequenz)`

Konvertiert jegliches Sequenzobjekt in eine Liste und gibt das Ergebnis zurück. Wenn sequenz bereits eine Liste ist, wird eine Kopie erstellt.

`locals()`

Ergibt einen Dictionary mit allen lokalen Variablen des Aufrufers. Außer bei Funktionen kann man den entsprechenden Namensraum über diesen Dictionary auch ändern.

`long(X)`

Konvertiert eine Zahl oder einen String X in einen langen Integer.

`map(funktion, liste,...)`

Führt funktion für jedes Element von liste aus und ergibt eine Liste der gesammelten Ergebnisse. Wenn weitere Listenargumente angegeben sind, muß funktion entsprechend viele Parameter besitzen, und es wird bei jedem Aufruf je ein Element aus jeder Liste übergeben.

`max(S)`

Ermittelt das größte Element einer nichtleeren Sequenz S.

`min(S)`

Ermittelt das kleinste Element einer nichtleeren Sequenz S.

`oct(N)`

Konvertiert eine Zahl N in einen oktalen String.

`open(dateiname [, modus, [bufsize]])`

Erzeugt ein neues stdio-Dateiobjekt, verbunden mit der externen Datei namens dateiname (ein String). Die ersten beiden Argumente sind die gleichen wie in der stdio-„fopen"-Funktion in C.

modus hat Standardwert 'r'. Angaben sind 'r' für Eingabe, 'w' für Ausgabe, 'a' für Anhängen sowie 'rb' und 'wb' für binäre Dateien. Auf den meisten Systemen können diese Modi auch ein angehängtes '+' zum Öffnen im Schreib/Lese-Modus haben.

bufsize hat einen implementierungsspezifischen Standardwert. Angaben sind 0 für ungepuffert, 1 für Zeilenpufferung, negativ für die Systemvoreinstellung oder eine spezifische Angabe.

`ord(C)`

Ergibt den ASCII-Wert eines Ein-Zeichen-Strings als Integer.

`pow(X, Y [, Z])`

Ergibt X zur Potenz Y [modulo Z]. Funktioniert wie der **-Operator.

`range([start,] stop [, step])`

Erzeugt eine Liste von aufeinanderfolgenden Integern zwischen start und stop. Mit einem Argument ergeben sich die Zahlen von Null bis stop-1. Mit zwei Argumenten ergeben sich die Zahlen von start bis stop-1. Mit drei Argumenten ergeben sich die Zahlen von start bis stop-1, wobei step zu jedem Vorgänger im Ergebnis addiert wird. start und step haben die Voreinstellungen 0 und 1.

`raw_input([prompt])`

Druckt prompt, wenn angegeben. Liest dann eine Zeile vom stdin-Strom (sys.stdin) und entfernt '\n'. Am Dateiende wird EOFError ausgelöst.

`reduce(func, liste [, init])`

Wendet die zweiargumentige Funktion func auf aufeinanderfolgende Elemente von liste an, so daß die Liste zu einem einzigen Wert reduziert wird. Wenn init angegeben ist, wird es vor der Liste eingefügt.

`reload(modul)`

Wiederholt Laden, Übersetzen und Ausführen für ein bereits geladenes Modul im aktuellen Namensraum. modul ist ein existierendes Modulobjekt, kein Name. Nützlich im interaktiven Modus, wenn ein Modul nach einer Korrektur der Quelle nochmals geladen werden soll. Liefert das neue Modulobjekt als Wert.

`repr(objekt)`

Erzeugt einen String mit einer druckfähigen Darstellung jeglichen Objekts. Äquivalent zu `objekt` (Rückwärtsquotes).

`round(X [, N])`

Ergibt den Fließkommawert X, gerundet auf N Stellen nach dem Komma. N ist mit Null vorbesetzt.

`setattr(objekt, name, wert)`

Weist wert an das Attribut name (ein String) im Objekt objekt zu. Wenn name == "meinattr", gleichbedeutend mit objekt.meinattr = wert.

`slice([start ,] stop [, step])`
> Erzeugt ein slice-Objekt, welches eine Bereichsselektion dar-
> stellt, mit Nur-Lese-Attributen start, stop und step. Argumente
> wie bei range. Wird in Erweiterungen wie Numerical Python
> benutzt. slice-Objekte entstehen auch bei erweiterter Indizie-
> rung.

`str(objekt)`
> Ergibt einen String mit einer „schön" druckbaren Darstellung
> eine Objekts.

`tuple(sequenz)`
> Erzeugt ein Tupel mit den gleichen Elementen wie die einer
> beliebigen Sequenz. Wenn sequenz bereits ein Tupel ist, wird
> es direkt zurückgeliefert und nicht kopiert.

`type(objekt)`
> Ergibt das type-Objekt, welches den Typ des Objekts objekt
> repräsentiert. Alle Standard-Typen findet man im Modul types.

`vars([objekt])`
> Ohne Argumente ergibt sich ein Dictionary mit den Namen des
> aktuellen lokalen Namensraums. Mit einem Modul, einer Klasse
> oder Klasseninstanz wird ein Dictionary zurückgegeben, wel-
> cher dem Attribut-Namensraum des Objekts entspricht (sein
> __dict__). Nützlich für die Stringformatierung mit „%".

`xrange([start,] stop [, step])`
> Ähnlich wie range, aber speichert nicht die gesamte Liste am
> Stück, sondern berechnet Werte, wenn sie verlangt werden.
> Nützlich in „for"-Schleifen, wenn der Bereich groß ist und
> wenig Speicher zur Verfügung steht, oder die Schleife mit
> hoher Wahrscheinlichkeit nach einem Bruchteil des Bereichs
> anderweitig beendet wird.

8 Eingebaute Ausnahmen

Ausnahmen, welche Python während der Ausführung eines
Programms auslösen kann. Seit Python 1.5 sind alle eingebauten
Ausnahmen Klassen. Davor waren es Strings, und bei Kompatibili-
tätsproblemen kann dieses Verhalten durch die Kommandozeilen-

option -X wieder aktiviert werden. Klassenausnahmen sind außer bei Stringoperationen kaum von Strings zu unterscheiden.

Basisklassen (Kategorien)

`Exception`
Die Wurzel, Oberklasse aller Ausnahmen.

`StandardError`
Oberklasse aller anderen eingebauten Ausnahmen, eine Unterklasse der Wurzelklasse `Exception`

`ArithmeticError`
Oberklasse von `OverflowError`, `ZeroDivisionError`, `FloatingPointError`, Unterklasse von `StandardError`

`LookupError`
Oberklasse von `IndexError`, `KeyError`, Unterklasse von `StandardError`.

Spezifische Ausnahmen

`AssertionError`
Wird ausgelöst, wenn der Test einer assert-Anweisung „Falsch" ergibt.

`AttributeError`
Bei Attributzugriffs- oder Zuweisungsfehler.

`EOFError`
Unmittelbares Dateiende bei input() oder raw_input().

`FloatingPointError`
Wenn eine Fließkomma-Operation fehlschlägt.

`IOError`
Fehler bei Ein/Ausgabe oder dateibezogener Operation.

`ImportError`
Bei import, wenn Modul oder Attribut nicht gefunden wurde.

`IndexError`
Index in Sequenz ist außerhalb des Bereichs (sowohl beim Lesen als auch beim Zuweisen von Werten).

`KeyError`
Beim Lesezugriff mit einem nicht existierenden Schlüssel auf ein Abbildungsobjekt.

KeyboardInterrupt
Benutzer drückte Unterbrechungstaste (oftmals Strg-C).

MemoryError
Bei einer nichtfatalen Speicherüberlastung.

NameError
Wenn ein lokaler oder globaler unqualifizierter Name nicht
gefunden wurde.

OverflowError
Bei exzessiv großen Werten in arithmetischen Berechnungen.

RuntimeError
Überflüssiger Allesfänger, man definiere sich besser einen passenden spezifischen Fehler.

SyntaxError
Syntaxfehler beim Übersetzen entdeckt.

SystemError
Nichtfataler Fehler im Interpreter (ein „Bug" – bitte melden).

SystemExit
Wenn sys.exit() aufgerufen wurde (abfang- und ignorierbar).

TypeError
Unpassende Typen wurden an eingebaute Operationen übergeben.

ValueError
Argument-Fehler, die TypeError nicht abdeckt, und andere.

ZeroDivisionError
Bei Division durch 0 oder Modulo-Operation X mod 0 .

9 Eingebaute Attribute

Manche Objekte exportieren spezielle Attribute, die durch Python
vorgegeben sind.

X.__dict__
Der Dictionary, welcher änderbare Attribute von X speichert.

I.__methods__
Liste mit den Methoden (Namensstrings) von Instanzobjekt I;
verfügbar bei vielen eingebauten Typen.

I.`__members__`
Liste mit den Datenattributen (Namensstrings) des Instanzobjekts I; verfügbar bei vielen eingebauten Typen.

I.`__class__`
Klassenobjekt, durch welches Instanz I generiert wurde.

C.`__bases__`
Tupel aus Klasse Cs Basisklassen, wie im Kopf von Cs Klassenanweisung aufgelistet.

X.`__name__`
Der Name von Objekt X als String; bei Klassen der Name im Anweisungskopf, bei Modulen der Name wie im import (`__main__`, wenn das Modul als Hauptprogramm ausgeführt wird).

10 Wichtige eingebaute Module

Eingebaute Module sind immer verfügbar, aber müssen importiert werden, um benutzt werden zu können. Man schreibe entweder „import modul" und qualifiziere die Namen („module.name") oder „from module import..." und verwende unqualifizierte Namen („name"). Es gibt Dutzende von eingebauten Modulen. Die nächsten Abschnitte erläutern die am häufigsten benutzten Module.

Das Modul sys

Enthält interpreterspezifische Exporte.

argv
Liste der Kommandozeilen-Argumente: [kommando, args…]. Wie Cs „argv"-Vektor.

builtin_module_names
Liste mit Namen der in dieses Python kompilierten C-Module.

exc_info()
Ergibt Tupel mit drei Werten, die die aktuell behandelte Ausnahme beschreiben: (typ, wert, traceback). Spezifisch für den aktuellen Thread. Ersetzt exc_type, exc_value und exc_traceback in Python 1.5 und höher.

`exc_type`
Typ einer gerade behandelten Ausnahme. Thread-unspezifisch.

`exc_value`
Ausnahmeparameter (zweites Argument bei raise). Thread-unspezifisch.

`exc_traceback`
Traceback-Objekt der Ausnahme. Thread-unspezifisch.

`exec_prefix`
Erlaubt Zuweisung eines Strings mit dem anlagenspezifischen Ordner-Präfix, das zu den plattformabhängigen Python-Dateien führt. Voreinstellung ist */usr/local* oder ein Argument beim Erstellen von Python. Wird benutzt, um gemeinsam genutzte Bibliotheksmodule (in *<exec_prefix>/lib/python<version>/lib-dynload*) und Konfigurationsdateien zu finden.

`executable`
Pfadname der Datei des Python-Interpreters.

`exit(N)`
Beendet den Python-Prozeß mit Statuscode N durch Auslösen von SystemExit (abfang- und ignorierbar durch try).

`exitfunc`
Weist eine argumentlose Funktion zu, die bei exit aufgerufen wird.

`getrefcount(objekt)`
Ergibt den aktuellen Referenzzählerwert des Objekts.

`last_type`
Typ der letzten nicht abgefangenen Ausnahme (zumeist für Fehlersuche nach Programmabbruch).

`last_value`
Wert der letzten nicht abgefangenen Ausnahme.

`last_traceback`
Traceback-Objekt der letzten nicht abgefangenen Ausnahme.

`maxint`
Maximaler einfacher Integerwert dieser Plattform.

`modules`

Dictionary mit allen bereits geladenen Modulen, je ein name:objekt-Eintrag pro Modul. Aktualisierbar, um reload zu erzwingen.

`path`

Liste mit Strings, die den Suchpfad für Modulimporte spezifizieren. Aktualisierbar, besetzt durch $PYTHONPATH sowie alle installationsabhängigen Standardwerte.

`platform`

String, welcher das System identifiziert, auf dem Python läuft: 'sunos5', 'linux1', 'win32' usw.

`prefix`

Erlaubt Zuweisung eines Strings mit dem anlagenspezifischen Ordner-Präfix, das zu den plattformunabhängigen Python-Dateien führt. Voreinstellung ist */usr/local* oder ein Argument beim Erstellen von Python. Wird benutzt, um gemeinsam genutzte Bibliotheksmodule in *<exec_prefix>/lib/python <version>* und plattformunabhängige Headerdateien in *<prefix>/include/python<version>* zu finden.

`ps1`

String, der die primäre Eingabeaufforderung im interaktiven Modus angibt. Standardwert ist '>>> ' (zuweisbar).

`ps2`

String, der die sekundäre Eingabeaufforderung im interaktiven Modus angibt. Standardwert ist ' .. ' (zuweisbar).

`setcheckinterval(reps)`

Aufruf, um die Anzahl von virtuellen Maschineninstruktionen zwischen periodischen Prüfungen auf reps zu setzen (Thread-Umschaltungen, Signalbehandlung). Standardwert ist zehn.

`setprofile(func)`

Aufruf, um die System-Profilfunktion zu besetzen: Der „Haken" für den Profiler. Siehe Bibliotheksreferenz.

`settrace(func)`

Aufruf, um die System-Trace-Funktion zu besetzen: Der „Haken" für Debugger usw. Siehe Bibliotheksreferenz.

`stdin`

Standard-Eingabestrom: Ein vorab geöffnetes Dateiobjekt. Zuweisbar. Wird für Interpreter-Eingabe benutzt.

`stdout`

Standard-Ausgabestrom: Ein vorab geöffnetes Dateiobjekt. Zuweisbar. Wird für manche Prompts sowie print benutzt.

`stderr`

Standard-Fehlerstrom: Ein vorab geöffnetes Dateiobjekt. Zuweisbar. Wird für Interpreter-Prompts und Fehler benutzt.

`tracebacklimit`

Maximale zu druckende Verschachtelungsebene von Tracebacks, Standardwert ist 1000.

`version`

Ein string mit der Versionsnummer des Python-Interpreters.

Das Modul string

Definiert Konstanten und Variablen für die Verarbeitung von Stringobjekten. Siehe auch Operationen vom Typ String, eingebaute Funktionen und die Module re und regex für reguläre Ausdrücke.

Konstanten

`digits`

Der String '0123456789'.

`hexdigits`

Der String '0123456789abcdefABCDEF'.

`letters`

Verbindung der Strings lowercase und uppercase.

`lowercase`

Normalerweise der String 'abcdefghijklmnopqrstuvwxyz'.

`octdigits`

Der String '01234567'.

`uppercase`

Normalerweise 'ABCDEFGHIJKLMNOPQRSTUVWXYZ'.

```
whitespace
```
Ein String mit Leerzeichen, Tabulator, Zeilenvorschub, Wagen-
rücklauf, Seitenvorschub und Vertikaltabulator.

Funktionen

Im weiteren ist das Ergebnis immer ein neuer String (weil Strings
unveränderlich sind, werden sie nie an Ort und Stelle modifiziert).
Whitespace bedeutet Leerzeichen, Tabulatoren, Zeilenenden (alles
wie oben in string.whitespace).

Konvertierungen

```
atof(s)
```
Konvertiert String s in Fließkommazahl. Wie eingebaute Funktion float().

```
atoi(s [, base])
```
Konvertiert String s nach Integer zu einer gegebenen Basis base
(Standardwert 10). Wie eingebaute Funktion int().

```
atol(s [, base])
```
Konvertiert String s in Pythons langen Integer (unbegrenzte
Genauigkeit) zu einer gegebenen Basis base (Standardwert 10).
Wie eingebaute Funktion long()

Suchen

```
find(s, sub [, start [, end]])
```
Ergibt die Position des ersten Auftretens des Strings sub in s
zwischen den Positionen start und end (voreingestellt sind 0
und len(s), der ganze String). Liefert -1, wenn nicht gefunden.

```
rfind(s, sub [, start [, end]])
```
Wie find, aber sucht vom Ende aus, von rechts nach links.

```
index(s, sub [, start [, end]])
```
Wie find, löst jedoch ValueError aus, anstatt -1 zurückzugeben.

```
rindex(s, sub [, start [, end]])
```
Wie rfind, löst jedoch ValueError aus, anstatt -1 zurückzugeben.

```
count(s, sub [, start [, end]])
```
Zählt die Anzahl der nichtüberlappenden Vorkommen von sub
in s, im Bereich start bis end (voreingestellt: 0, len(s)).

Zerteilen und Verbinden

split(s [, sep [, maxsplit]])
> Ergibt eine Liste der Wörter in String s. Wenn sep fehlt oder None ist, wird auf Füllzeichenfolgen geteilt. Mit gegebenem sep wird beim Auftauchen von sep geteilt. Wenn maxsplit nicht 0 ist, finden höchstens maxsplit Teilungen am Anfang von s statt (Voreinstellung 0, alles teilen).

splitfields(s, sep [, maxsplit]])
> Wie split, existiert nur aus Kompatibilitätsgründen, weil das frühere split nur ein Argument hatte.

join(x [, sep])
> Fügt eine Liste oder ein Tupel aus Strings x zu einem einzelnen String zusammen. Ohne sep werden Leerzeichen eingefügt, sonst sep. Sep kann ein beliebiger String sein, auch ein leerer String.

joinfields(x, sep)
> Wie join, existiert nur aus Kompatibilitätsgründen, weil das frühere join nur ein Argument hatte.

replace(str, old, new [, maxsplit])
> Erzeugt eine Kopie von String str, bei der alle Vorkommen von Teilstring old durch new ersetzt wurden. Wenn maxsplit angegeben wurde, finden nur maximal so viele Ersetzungen statt. Entspricht in der Funktion join(split(str, old, maxsplit), new), aber ist schneller.

Formatierung

capitalize(wort)
> Das erste Zeichen von String wort wird groß.

capwords(s)
> Zerlegt s mit split in Wörter, führt für jedes capitalize aus und verbindet die Wörter wieder mit join.

expandtabs(s, tabsize)
> Ersetzt Tabulatoren in s durch tabsize Leerzeichen.

strip(s)
> Entfernt führende und nachfolgende Füllzeichen von s.

`lstrip(s)`
　Entfernt führende Füllzeichen von s.

`rstrip(s)`
　Entfernt nachfolgende Füllzeichen von s.

`swapcase(s)`
　Ändert Klein- in Großschreibung und umgekehrt.

`upper(s)`
　Ändert alle Buchstaben in Großbuchstaben.

`lower(s)`
　Ändert alle Buchstaben in Kleinbuchstaben.

`ljust(s, width)`
　Richtet String s in einem Feld der Breite width linksbündig aus
　und füllt ihn rechts mit Leerzeichen (funktioniert auch mit %).

`rjust(s, width)`
　Richtet String s in einem Feld der Breite width rechtsbündig aus
　und füllt ihn links mit Leerzeichen (funktioniert auch mit %).

`center(s, width)`
　Zentriert String s in einem Feld der Breite width und füllt ihn
　links und rechts mit Leerzeichen.

`zfill(s, width)`
　Füllt s links mit Null-Ziffern, bis das Ergebnis die gewünschte
　Länge width hat (funktioniert auch mit %).

`maketrans(alt, neu)`
　Erzeugt eine Übersetzungstabelle, welche jedes Zeichen in alt
　in das Zeichen an der gleichen Position in neu umsetzt.

`translate(s, table [, deletechars])`
　Löscht alle Zeichen von s, die in deletechars vorkommen
　(wenn angegeben), und übersetzt die Zeichen dann mit table,
　ein 256 Zeichen langer String, welcher bei Indizierung mit dem
　Ordinalwert eines Zeichens dessen Übersetzung ergibt.

Das Modul os

Stellt ein generisches Interface zum Betriebssystem (O/S) bereit.
Kopiert alle Namen eines plattformspezifischen Moduls (wie
posix, nt) und setzt seinen Namen ‚path" auf ein plattformspezifi-

sches Modul (wie posixpath, ntpath). Man sollte aus Portabilitäts-
gründen für Systemdienste immer os anstelle eines plattformspezifischen Moduls importieren. Namen, die os selbst definiert:

name
> Name des O/S-spezifischen Moduls, dessen Namen in die
> Hauptebene von os kopiert werden (z.B. „posix", „mac", „nt",
> „dos").

path
> O/S-spezifisches Modul für Pfadmanipulationen (z.B. ist in
> UNIX „os.path.split" das gleiche wie „posixpath.split").

curdir
> String, welcher zur Angabe des aktuellen Ordners benutzt wird
> (z.B. '.' bei POSIX, ':' bei Macintosh).

pardir
> String, welcher zur Angabe des höheren Ordners benutzt wird
> (z.B. '..' bei POSIX, '::' bei Macintosh).

sep
> String, welcher Ordnernamen trennt (z.B. '/' (POSIX) oder '\'
> (Windows) oder ':' (Macintosh)).

altsep
> Alternativer sep-String oder None (z.B. '/' bei Windows).

pathsep
> Zeichen, welches Komponenten eines Suchpfads unterteilt wie
> in $PATH (z.B. ';' bei Windows, ':' bei UNIX).

defpath
> Der Standardsuchpfad für exec*p*, wenn PATH unbesetzt ist.

execl(path, arg0, arg1,...)
> Äquivalent zu execv(path, (arg0, arg1,...)).

execle(path, arg0, arg1,..., env)
> Äquivalent zu execve(path, (arg0, arg1,...), env).

execlp(path, arg0, arg1,...)
> Äquivalent zu execvp(path, (arg0, arg1,...)).

execvp(path, args)
> Wie execv(path, args), aber emuliert die Aktionen des Kom-
> mando-Interpreters beim Suchen nach einer ausführbaren

Datei in einer Liste von Ordnern. Die Liste wird aus os.environ ['PATH'] gebildet.

execvpe(path, args, env)

Eine Kreuzung aus execve() und execvp(). Die Ordnerliste wird aus os.environ['PATH'] gebildet.

execv und execve bleiben hier undokumentiert, weil sie durch ein O/S -abhängiges Modul implementiert werden (vgl. posix).

Das Modul posix

Dieses Modul bietet die meisten Standardfunktionen aus POSIX zur Benutzung unter UNIX oder UNIX-ähnlichen Systemen. Man importiere dieses Modul niemals direkt, da alle seine Namen in der Hauptebene von Modul os verfügbar sind (z.B. os.fork). Man beachte auch, daß die deskriptorbasierten Dateien von POSIX für Aufgaben auf niedriger Ebene gedacht sind und daß sie etwas anderes sind als die stdio-Dateiobjekte, welche das eingebaute open zurückgibt.

Dateien und Ordner

chdir(path)

Ändert den aktuellen Ordner für diesen Prozeß in path.

chmod(path, mode)

Ändert den Modus der Datei path in Zahl mode.

chown(path, uid, gid)

Ändert Besitzer/Gruppen-ID von path in Zahl uid/gid.

close(fd)

Schließt Datei-Deskriptor fd (kein file-Objekt).

dup(fd)

Ergibt ein Duplikat des Datei-Deskriptors fd.

dup2(fd, fd2)

Dupliziert Datei-Deskriptor fd zu fd2 (schließt fd2, wenn nötig).

fdopen(fd [, mode [, bufsize]])

Erzeugt ein file-Objekt (stdio), welches mit Datei-Deskriptor fd verbunden ist (Integer). mode und buffer haben die gleiche Bedeutung wie bei der eingebauten open-Funktion.

`fstat(fd)`

Gibt den Status des Dateideskriptors fd zurück (wie stat).

`ftruncate(fd, length)`

Schneidet die mit Dateideskriptor fd assoziierte Datei ab, so daß sie maximal length Bytes groß ist.

`getcwd()`

Liefert den Pfadnamen des aktuellen Ordners als String.

`link(src, dst)`

Erzeugt einen harten Link zur Datei src mit Namen dst.

`listdir(path)`

Liefert eine Liste der Namen aller Einträge in Ordner path.

`lseek(fd, pos, how)`

Setzt die aktuelle Position des Dateideskriptors fd auf pos (für wahlfreien Zugriff). how kann 0 sein für eine Position relativ zum Anfang, 1 für eine relativ zur aktuellen Position und 2 für eine Position relativ zum Ende.

`lstat(path)`

Wie stat, aber folgt nicht symbolischen Links.

`mkfifo(path [, mode])`

Erzeugt einen FIFO (einen benannten Kanal (pipe) in POSIX) namens path mit einem numerischen Modus mode, ohne ihn zu öffnen. Der Standardmodus ist 0666 oktal. Der aktuelle umask-Wert wird zuvor als Maske für mode angewendet. FIFOs sind Kanäle, die wie reguläre Dateien angesprochen werden. FIFOs existieren solange, bis sie gelöscht werden.

`mkdir(path [, mode])`

Erzeugt einen Ordner namens path mit dem angegebenen Modus. Standardwert ist 0777 oktal.

`open(dateiname, flags [, mode])`

Öffnet eine dateideskriptor-basierte Datei und gibt den Deskriptor zurück (einen Integer, kein stdio-file-Objekt). Gedacht für primitivere Dateiaufgaben und nicht identisch mit der eingebauten open-Funktion. mode hat den Standardwert 0777 oktal. Konstanten für flag (z.B. O_RDONLY, O_WRONLY) sind im Modul posix definiert, siehe Tabelle 10-1.

`read(fd, n)`
Liest n Bytes von Dateideskriptor fd und liefert sie als String ab (primitive Funktion, man bevorzuge eingebaute file-Objekte).

`readlink(path)`
Ergibt den Pfad, den der symbolische Link path referenziert.

`remove(path)`
Löscht die Datei namens path. Identisch mit unlink. Siehe rmdir zum Löschen von Ordnern.

`rename(src, dst)`
Umbenennen (Verschieben) von Datei src nach dst.

`rmdir(path)`
Löscht einen Ordner names path.

`stat(path)`
Führt Systemaufruf stat mit path aus. Rückgabe ist ein Tupel aus Integers mit Dateiinformation, siehe Modul „stat.py".

`symlink(src, dst)`
Erzeugt einen symbolischen Link namens dst zu Datei src.

`unlink(path)`
Löscht die Datei namens path.

`utime(path, (atime, mtime))`
Setzt Dateizugriffs- und Änderungszeiter.

`write(fd, str)`
Schreibt den String str in Dateideskriptor fd (primitive Funktion, man bevorzuge eingebaute file-Objekte).

Prozesse

`execv(path, args)`
Startet die ausführbare Datei path mit den Kommandozeilenparametern args, wobei der laufende Prozeß ersetzt wird (der Python-Interpreter). args kann ein Tupel oder eine Liste aus Strings sein und beginnt aus Gründen der Konvention mit dem Namen der ausführbaren Datei. Kehrt nur zurück bei Fehlstart.

`execve(path, args, env)`
Wie execv, aber Dictionary env ersetzt die Variablenumgebung der Shell. env muß Strings auf Strings abbilden.

`_exit(n)`
> Beendet den Prozeß mit Status n, ohne aufzuräumen (Endebehandlungsroutinen, Dateipuffer leeren etc.). Der normale Weg zum Beenden ist sys.exit().

`fork()`
> Spaltet einen Kindprozeß ab. Ergibt 0 für den neuen Prozeß und dessen Prozeßkennung für den Elternprozeß. Kindprozesse rufen oftmals execv nach dem fork auf, um dann ein neues Programm parallel zum aktuellen zu starten.

`getgid()`
> Ergibt die Gruppenkennung des Prozesses. getegid ergibt die effektive Gruppenkennung.

`getuic()`
> Ergibt die Benutzerkennung des Prozesses. geteuid ergibt die effektive Benutzerkennung.

`getpgrp()`
> Ermittelt die Gruppenkennung des Elternprozesses.

`getpid()`
> Liefert die aktuelle Prozeßkennung.

`getppid()`
> Liefert die Prozeßkennung des Elternprozesses.

`kill(pid, sig)`
> Bricht den Prozeß mit Kennung id durch ein Signal sig ab.

`mkfifo(path [, mode])`
> Siehe oben (Dateien als Mittel der Prozeßsynchronisation).

`nice(increment)`
> Addiert ein Inkrement zur „niceness" des aktuellen Prozesses (d.h., es verringert die CPU-Priorität).

`pipe()`
> Erzeugt ein Paar von Datei-Deskriptoren (r, w) zum Lesen und Schreiben eines neuen Kanals (pipe).

`plock(op)`
> Sperrt Programmsegmente im Speicher. op (Definition in <sys./lock.h>) bestimmt, welche Segmente gesperrt werden.

popen(cmd [, mode [, bufsize]])

Öffnet einen Kanal vom oder zum Shell-Kommandostring cmd, um Daten zu senden oder zu empfangen. Gibt ein Dateiobjekt zurück, welches gelesen (mode == 'r') oder geschrieben (mode == 'w') werden kann. Standardwert von mode ist 'r'. bufsize hat die Bedeutung wie in der eingebauten open-Funktion. cmd läuft als ein unabhängiger Prozeß, und sein Endestatus wird von der close-Methode des Dateiobjekts zurückgegeben.

setgid(id)

Setzt die Gruppenkennung des aktuellen Prozesses.

setpgrp()

Systemaufruf von setpgrp() oder setpgrp(0, 0), je nachdem, welche Version implementiert ist.

setpgid(pid, pgrp)

Systemaufruf von setpgid().

setsid()

Systemaufruf von setsid().

setuid(id)

Setzt die Benutzerkennung des aktuellen Prozesses.

system(cmd)

Führt einen Kommandostring cmd in einem Shell-Unterprozeß aus. Rückgabe ist der Endestatus des erzeugten Prozesses.

tcgetpgrp(fd)

Liefert die mit der durch fd bestimmten Konsole assoziierte Prozeßgruppe zurück.

tcsetpgrp(fd, pg)

Setzt die mit der durch fd bestimmten Konsole assoziierte Prozeßgruppe auf pg.

wait()

Wartet auf die Beendigung eines Kindprozesses. Ergibt ein Tupel mit Kennung und Endestatus des Kindprozesses.

waitpid(pid, optionen)

Wartet auf Beendigung eines Kindprozesses mit Prozeßkennung pid (siehe auch time.sleep(secs)). Benutze WNOHANG in optionen, um Hängen zu verhindern, wenn kein Kindstatus verfügbar ist.

Umgebung

environ
> Der Dictionary mit den Umgebungsvariablen der Shell: {variable:wert…}. Zum Beispiel ist os.environ['USER'] der Wert von $USER in der Shell. Seit Python 1.5 werden Änderungen an os.environ durch Aufruf von C's putenv auch außerhalb von Python wirksam.

error
> POSIX-relevante Fehler (Name der Ausnahme: posix.error).

putenv(varname, wert)
> Setzt die Shell-Umgebungsvariable varname auf den String wert. Betrifft Unterprozesse, die mit system, popen, fork oder execv ausgelöst werden. Zuweisungen an Elemente von os.environ werden automatisch in Aufrufe von putenv umgesetzt, sofern dies unterstützt wird (aber putenv-Aufrufe aktualisieren environ nicht).

strerror(code)
> Ergibt eine zu code passende Fehlermeldung.

times()
> Tupel mit der verstrichenen Zeit in CPU-Sekunden in den Kategorien Benutzer, System, Kind-Benutzer und Kind-System sowie vergangene Echtzeit. Siehe auch Modul time.

umask(mask)
> Setzt die Benutzermaske umask auf Zahl mask.

uname()
> Ergibt das Betriebssystem-Namenstupel: (System, Knoten, Freigabe, Version, Maschine).

Tabelle 10-1: „Oder-bare" Schalter für os.open

O_RDONLY	O_WRONLY	O_RDWR
O_NDELAY	O_NONBLOCK	O_APPEND
O_DSYNC	O_RSYNC	O_SYNC
O_NOCTTY	O_CREAT	O_EXCL
O_TRUNC		

Das Modul posixpath

Bietet zusätzliche POSIX-Dienste zu Dateipfadnamen. Dies ist nur eine teilweise Übersicht. Man importiere dieses Modul nie direkt: Seine Namen werden als os.path exportiert (z.B. os.path.exists).

exists(p)
> Wahr, wenn String p der Name eines existierenden Pfades ist.

expanduser(p)
> Ergibt String, bei dem in p eingebettete „~" mit dem Benutzernamen expandiert wurden.

expandvars(p)
> Ergibt String, in dem eingebettete Umgebungsvariablen expandiert wurden.

isabs(p)
> Wahr, wenn String p ein absoluter Pfad ist.

isfile(p)
> Wahr, wenn String p eine reguläre Datei ist.

isdir(p)
> Wahr, wenn String p ein Ordner ist.

islink(p)
> Wahr, wenn String p ein symbolischer Link ist.

ismount(p)
> Wahr, wenn String p ein Montagepunkt ist (Mount Point).

join(p [,q [,...]])
> Verbindet ein oder mehrere Pfadkomponenten auf intelligente Weise (unter Benutzung von plattformspezifischen Konventionen für Trennzeichen).

split(p)
> Teilt p in (kopf, rest), wobei rest die letzte Pfadnamenskomponente und kopf alles ist, was bis zu rest führt. Identisch mit Tupel (dirname(p), basename(p)).

splitdrive(p)
> Teilt p in ein Paar ('laufwerk:', rest) [unter Windows].

splitext(p)
> Teilt p in (wurzel, ext), wobei die letzte Komponente von wurzel keinen '.' enthält, und ext leer ist oder mit '.' anfängt.

```
walk(p, visit, arg)
```
    Ruft die Funktion visit mit den Argumenten (arg, dirname, namen) für jeden Ordner im Dateibaum mit Wurzel p rekursiv auf, einschließlich p selbst, wenn p ein Ordner ist. Das Argument dirname gibt den gerade besuchten Ordner an, Argument namen listet die Dateien in dem Ordner. Funktion visit darf namen modifizieren, um die Menge der besuchten Ordner unter dirname zu beeinflussen, etwa um gewisse Teile des Baums nicht zu besuchen.

Das Modul math

Exportiert Hilfsmittel der mathematischen C-Standardbibliothek für die Benutzung in Python. Zu Details siehe die Dokumentation der „C math library", z.B. die man-Seiten. Für komplexe Zahlen siehe auch das Modul cmath. Man beachte, daß frexp und modf ein anderes Aufruf/Rückgabe-Muster haben als ihre C-Äquivalente: Sie geben 2-Tupel zurück.

pi	e	$acos(s)$	$asin(x)$
$atan(x)$	$atan2(x,y)$	$ceil(x)$	$cos(x)$
$cosh(x)$	$exp(x)$	$fabs(x)$	$floor(x)$
$fmod(x,y)$	$frexp(x)$	$hypot(x,y)$	$ldexp(x,y)$
$log(x)$	$log10(x)$	$modf(x)$	$pow(x,y)$
$sin(x)$	$sinh(x)$	$sqrt(x)$	$tan(x)$
$tanh(x)$			

Das Modul time

Dies ist eine partielle Liste der Exporte des Moduls time. Siehe Pythons Bibliotheksreferenz für genauere Information.

```
clock()
```
    Ergibt die aktuelle CPU-Zeit als Fließkommazahl in Sekunden (bisherige verbrauchte CPU-Zeit des Prozesses).

```
ctime(secs)
```
    Konvertiert einen Zeitpunkt in Sekunden ab der Epoche in einen String, der die lokale Zeit repräsentiert (entspricht `ctime(time())`).

`time()`

Ergibt eine Fließkommazahl, die die UTC-Zeit in Sekunden seit der Epoche darstellt. Unter UNIX ist die Epoche 1970.

`sleep(secs)`

Unterbricht die Prozeßausführung um secs Sekunden. secs kann ein float sein, um Sekundenbruchteile darzustellen.

Das Modul re

Das neueste Interface für Mustererkennung mit regulären Ausdrücken (neu in Python 1.5). Reguläre Ausdrücke (RE) werden als String spezifiziert. Tip: Man benutze Roh-Strings, um Backslashes als Literale angeben zu können.

`compile(pattern [, flags])`

Übersetze einen RE-Musterstring in ein RE-Objekt zwecks späterer Mustererkennung. flags (kombinierbar mit |):

I oder IGNORECASE oder (?i)
Schreibweisenunabhängiges Erkennen.

L oder LOCALE oder (?L)
Macht \w, \W, \b, \B abhängig vom aktuellen locale.

M oder MULTILINE oder (?m)
Erkennt jeweils zeilenweise, nicht den ganzen String.

S oder DOTALL oder (?s)
'.' erkennt ALLE Zeichen einschließlich Zeilenende.

X oder VERBOSE oder (?x)
Ignoriert Füllzeichen außerhalb von Zeichenklassen.

`escape(string)`

Liefert string nach Entwertung aller nicht-alphanumerischen Zeichen mit Backslash.

`match(pattern, string [, flags])`

Wenn null oder mehr Zeichen am Anfang von string zum Musterstring passen, wird eine entsprechende MatchObjekt-Instanz zurückgegeben, sonst None. flags wie bei compile.

```
search(pattern, string [, flags])
```
Durchsucht string nach einer Position, an der pattern erkannt wird, und ergibt ein MatchObject oder None. flags wie bei compile.

```
split(pattern, string [, maxsplit])
```
Teilt string beim Auftreten von pattern und gibt eine Liste mit den Strings dazwischen zurück. Wenn auffangende ( ) in pattern benutzt werden, werden die zu pattern passenden Trennstrings ebenfalls zurückgegeben.

```
sub(pattern, repl, string [, count])
```
Ergibt string, nachdem jedes nicht überlappende Auftreten von pattern (immer der erste Treffer wird genommen, pattern ist ein String oder RE-Objekt) durch repl ersetzt wurde. repl kann ein String oder eine Funktion sein, welche jeweils mit einem einzelnen MatchObj-Argument aufgerufen wird und einen Ersetzungsstring abliefern muß. count wie in string.sub.

```
subn(pattern, repl, string [, count])
```
Wie sub, aber gibt ein Tupel zurück: (neuer-String, Anzahlerfolgter-Ersetzungen).

Reguläre Ausdrucksobjekte

RE-Objekte werden von der obigen compile-Funktion erzeugt.

```
flags
```
flags-Argument bei der Kompilierung einer RE.

```
groupindex
```
Dictionary aus {Gruppenname: Gruppennummer} in pattern.

```
pattern
```
Musterstring, aus dem die RE kompiliert wurde.

```
match(string [, pos] [, endpos])
search(string [, pos] [, endpos])
split(string [, maxsplit])
sub(repl, string [, count])
subn(repl, string [, count])
```
Wie die zuvor erklärten re-Funktionen, aber pattern ist implizit, und pos und endpos bilden Start/Ende-Indizes in string als Abgrenzung des zu bearbeitenden Bereichs.

Trefferobjekte

Trefferobjekte werden von den match- und search-Funktionen geliefert.

pos, endpos
> Werte von pos und endpos, die an search oder match übergeben wurden.

re
> RE -Objekt, dessen match oder search dies produzierte.

string
> String, der an match oder search übergeben wurde.

group([g1, g2,...])
> Liefert Substrings, die zu geklammerten Gruppen im Muster gepaßt haben. Mit nur einem Argument ist das Ergebnis ein String, bei mehrfachen Argumenten wird ein Tupel mit einem Element pro Argument zurückgegeben. Wenn ein gi Null ist, ist dessen Ergebnis der gesamte erkannte String, sonst der Teilstring, auf den Gruppe gi (1..N) gepaßt hat. gi kann ebenso ein Gruppenname sein.

groups()
> Ergibt ein Tupel mit allen Gruppen des Treffers. Gruppen, die dabei nicht teilgenommen haben, haben None als Wert.

start([group]), end([group])
> Indizes von Anfang und Ende des von group erkannten Teilstrings (oder der gesamte erkannte String, wenn group fehlt). Sei M Treffer: M.string[M.start(g):M.end(g)] == M.group(g).

span([group])
> Ergibt das 2-Tupel (start(group), end(group)).

Tabelle 10-2: Syntax von re-Mustern

Form	Beschreibung
.	Erkennt alle Zeichen (inkl. Zeilenende, wenn Flag DOTALL angegeben wurde).
^	Erkennt den Anfang des Strings (von jeder Zeile im MULTILINE-Modus).

Tabelle 10-2: Syntax von re-Mustern (Fortsetzung)

Form	Beschreibung
$	Erkennt das Ende des Strings (von jeder Zeile im MULTILINE-Modus).
C	Jedes nicht-spezielle Zeichen erkennt sich selbst.
R*	Null oder mehr Auftreten des vorangehenden regulären Ausdrucks (so viele wie möglich).
R+	Ein oder mehr Auftreten des vorangehenden regulären Ausdrucks (so viele wie möglich).
R?	Null oder ein Auftreten des vorangehenden regulären Ausdrucks R.
R{m,n}	Erkennt m bis n Wiederholungen des vorangehenden regulären Ausdrucks R.
R*?, R+?, R??, R{m,n}?	Wie *, + und ?, aber erkennt so wenig Zeichen/Wiederholungen wie möglich (nicht gefräßig).
[ ]	Definiert Zeichenklasse: z.B. ' [a-zA-Z]', um alle Buchstaben zu erkennen (siehe auch Tabelle 10-3).
[^]	Definiert komplementäre Zeichenklasse: Erkennt, wenn Zeichen nicht in Klasse ist.
\	Entwertet Spezialzeichen (z.B. '*?+|()') und leitet Spezialsequenzen ein (siehe unten). Wegen der Python-Regeln schreibe man '\\' oder r'\'.
\\	Erkennt ein literales '\'; wegen der Python-String-regeln schreibe man '\\\\' in pattern oder r'\\'.
R|R	Alternative: Erkennt linkes oder rechtes R.
RR	Konkatenation: Erkenne beide Rs.
(R)	Erkennt jedes RE in () und grenzt eine Gruppe ab (merkt sich gefundenen Teilstring).
(?: R)	Ebenso, aber grenzt keine Gruppe ab.
(?= R)	Trifft zu, wenn R danach paßt, aber verbraucht keinen Text. (Z.B. 'X (?=Y)' erkennt 'X' nur, wenn 'Y' folgt. Vorausschau.)
(?! R)	Trifft zu, wenn R danach nicht paßt. Gegenstück zu (?=R).
(?P<name> R)	Erkennt alle REs innerhalb () und grenzt eine benannte Gruppe ab. (Z.B. r'(?P<id>[a-zA-Z_]\w*)' definiert eine Gruppe namens id.)

Tabelle 10-2: Syntax von re-Mustern (Fortsetzung)

Form	Beschreibung
(?#...)	Ein Kommentar, wird ignoriert.
(?P=name)	Erkennt welchen Text auch immer die vorherige Gruppe mit Namen name erkannt hat.
(?letter)	letter ist aus 'i', 'L', 'm', 's', 'x'. Setzt Flag (re.I, re.L, re.M, re.S, re.X) für gesamten RE.

Tabelle 10-3: Spezielle Sequenzen in re

Sequenz	Beschreibung
\num	Erkennt Text der Gruppe num (numeriert ab 1).
\A	Erkennt nur am Anfang des Strings.
\b	Leerstring an Wortgrenzen.
\B	Leerstring nicht an Wortgrenzen.
\d	Jede dezimale Ziffer (wie [0–9]).
\D	Jedes Zeichen, das keine Ziffer ist (wie [^0-9]).
\s	Jedes Füllzeichen (wie [\t\n\r\f\v]).
\S	Jedes Nicht-Füllzeichen (wie [^ \t\n\r\f\v]).
\w	Jedes alphanumerische Zeichen (benutzt den LOCALE-Schalter).
\W	Jedes nichtalphanumerische Zeichen (benutzt den LOCALE-Schalter).
\Z	Trifft nur am Ende des Strings zu.

Das Modul regex

Ein älteres, aber nach wie vor nutzbares Modul zum Erkennen von regulären Ausdrücken. Das neue „re"-Modul von Python 1.5 (siehe oben) soll regex ablösen, regex wird zur Zeit jedoch noch gepflegt. Von „regex.compile" erzeugte Objekte unterstützen die Erkennung durch Methoden. Das „regsub"-Modul fügt Ersetzung hinzu.

`regex.match(pattern, string)`
> Ergibt die Länge des Teilstrings vom Anfang von string, der zu pattern paßt (oder -1 bei Versagen, nicht 0).

`regex.search(pattern, string)`
> Ergibt die erste Position in string, bei der pattern paßt (oder -1 bei Versagen).

`regex.set_syntax(mode)`
> Wählt eine Syntax für Muster aus (Voreinstellung ist Emacs):
>
> RE_SYNTAX_AWK, RE_SYNTAX_EGREP,
> RE_SYNTAX_GREP, RE_SYNTAX_EMACS.

`objekt = regex.compile(pattern)`
> Kompiliert pattern in ein reguläres Ausdrucksobjekt für spätere Erkennung.

`objekt.match(string, pos=0)`
> Wie regex.match, aber das Muster ist implizit. Wenn angegeben, ist pos der Index, ab dem erkannt wird.

`objekt.search(string, pos=0)`
> Wie regex.search, aber das Muster ist implizit. Wenn angegeben, ist pos der Index, ab dem erkannt wird.

`objekt.group(index, index,...)`
> Ergibt die Teilstrings, welche von gruppierten (geklammerten) Unterausdrücken im Muster erkannt wurden.

`objekt.regs[index]`
> Tupel aus Indexpaaren, die Anfang und Ende der erkannten gruppierten Unterausdrücke darstellen.

`regsub.sub(pat, repl, str)`
> Ersetzt das erste Auftreten eines Musters in einem String.

`regsub.gsub(pat, repl, str)`
> Ersetzt jedes Auftreten eines Musters in einem String.

`regsub.split(str, pat [,maxsplit])`
> Teilt einen String bei jedem Auftreten von pattern.

In Tabelle 10-4 bedeutet „R" jegliche Form eines regulären Ausdrucks, „C" ist ein Zeichen, und „N" bezeichnet eine Ziffer. Regex erkennt immer den längstmöglichen Teilstring für jede Form.

Tabelle 10-4: Syntax von regex-Mustern

Form	Beschreibung
.	Erkennt ein einzelnes Zeichen außer Zeilenende.
C	Ein einfaches Zeichen erkennt sich selbst.
[abc]	Erkennt ein Zeichen aus der Liste.
[a-z]	Erkennt ein Zeichen in dem Bereich.
[^abc]	Erkennt ein Zeichen, das nicht in der Liste/dem Bereich ist.
\C	Ein Backslash entwertet ein Zeichen.
\t	Sonderzeichen wie tab oder backspace.
^R	Verankert Erkennung am Anfang des Strings.
R$	Verankert Erkennung am Ende des Strings.
^R$	Zwingt R, den gesamten String zu erkennen (Zeile).
RR	Benachbarte Rs erkennen benachbarte Teilstrings.
R*	Erkennt null oder mehr Vorkommen von R.
R+	Erkennt ein oder mehr Vorkommen von R.
R?	Erkennt maximal ein Vorkommen von R.
\(R\)	Erkennt R, merkt sich erkannte Teilstring-Gruppe.
\\N	Erkennt den Inhalt der N-ten Gruppe.
R|R	Erkennt einen der Rs.
\<R	Erzwingt Erkennung am Wortanfang.
R\>	Erzwingt Erkennung am Wortende.

11 Andere eingebaute Module

Für detaillierte Informationen über andere für Python-Programmierer verfügbare Standardmodule konsultiere man die Python-Bibliotheksreferenz (erhältlich unter *http://www.python.org*). Es folgt eine Auswahl von häufig benutzten Modulen.

socket
> Schnittstellen zum Senden und Empfangen von Daten über BSD-artige Sockets (ein Objekt mit Socket-Aufrufmethoden).

rexec
> Unterstützung für eingeschränkte Ausführung (vertrauenswürdig/sicher). Besonders nützlich für Internet-Applikationen.

`Tkinter`

Schnittstelle zu Pythons Integration der Tk-GUI-API. Wird zum Schreiben portabler graphischer Benutzerschnittstellen mit gewohntem Look-and-Feel unter X Windows, MS-Windows und Macintosh eingesetzt. Steuerelemente sind anpaßbare Klassen (z.B. Button, Frame), Optionen sind Schlüsselwortparameter, und Komposition wird durch Objekteinbettung realisiert, nicht durch Pfade.

`select`

Schnittstelle zur select-Funktion von UNIX. Wartet auf Aktivität auf einer/einem von N Dateien oder Sockets (multiplex).

`signal`

Schnittstellen zur Signalbehandlung in Python-Programmen.

`thread`, `threading`

Pythons Thread-Schnittstelle (leichtgewichtige Prozesse mit gemeinsamen globalen Daten). Werkzeuge zum Starten, Stoppen und Synchronisieren.

`cgi`

Schnittstellen zum Zugreifen auf Formulardaten in CGI-Skripten. Wenn ein Skript „form = cgi.FieldStorage()" aufruft, ist form ein Dictionary-ähnliches Objekt mit einem Eintrag pro Form-Feld (form["name"].wert).

`urllib`, `httplib`, `HTMLlib`

Zugriff auf allerlei Internet-URLs wie Dateien, http-Protokoll-Werkzeuge, Parsen von HTML-Dateien.

`ftplib`

Schnittstellen für Internet-Dateitransfer in Python-Programmen. Nach „ftp=ftplib.FTP('sitename')" hat ftp Methoden zum Login, Ordnerwechsel, Holen/Speichern von Dateien usw. Unterstützt Transfers von Binär- und Textdaten; benötigt sockets.

`getopt`

Werkzeug für Kommandozeilenargumente wie in C.

`tempfile`

Erzeugt temporäre Dateien mit eindeutigen Namen.

`stat`

Attribute zur Dateistatistik. Dient zur Interpretation von Ergebnissen von os.stat und os.lstat.

`shelve`

(Siehe unten.) Schlüsselbasierte dauerhafte Objektspeicher.

`anydbm`

(Siehe unten.) Schlüsselbasierte Stringspeicher-Dateien.

`pickle`

(Siehe unten.) Serialisiert Objekte zu/von Dateiströmen.

`marshal`

Serialisiert Objekte schnell, aber mit begrenztem Einsatzbereich.

`array`

Schnittstelle zu C-Vektoren in Python.

`cmath`

Hilfsmittel für Arithmetik mit komplexen Zahlen.

`struct`

Schnittstelle zum Packen/Entpacken von C-Strukturen, die als Python-Strings repräsentiert sind. Verwendet Formatstrings, um das Layout von C-Strukturen zu beschreiben und Felder von/nach Python-Objekten abzubilden. Nützlich für viele C-Erweiterungen.

`StringIO`

Dateiähnliche Objekte, welche Text aus/in Strings lesen/schreiben. Kann überall benutzt werden, wo eine Dateischnittstelle erwartet wird.

`__main__`

Das Modul auf oberster Ebene eines Python-Prozesses. Namensraum im interaktiven Modus oder name für ein Modul, welches als Hauptprogramm läuft.

`__builtin__`

Hier leben alle eingebauten Python-Namen (z.B. `__builtin__` `.open` ist die eingebaute Funktion open).

`user, site`
  Definiert benutzer- und anlagenspezifische Aktionen beim Programmstart.

`operator`
  Exportiert Funktionen, die eingebauten Operationen äquivalent sind. Beispiel: „operator.add(x,y)" ist äquivalent zu „x+y". Nützlich in „map", um lambda-Funktionen zu vermeiden.

`traceback`
  Werkzeuge zum Drucken und Bearbeiten von durch Ausnahmen erzeugten traceback-Objekten.

`types`
  Konstanten, die das type()-Ergebnis aller Python-Datentypen darstellen. Nützlich für manuelles Typentesten (z.B. „if type(x) is types.StringType:").

`pdb, profile, pstats`
  (Siehe unten.) Standard-Debugger und Profiler für Python.

`random, whrandom, rand`
  Werkzeuge zur Erzeugung von Zufallszahlen.

`copy`
  Flache und tiefe Kopieroperationen für eingebaute Typen.

`glob`
  Expansion von Dateinamensmustern.

12 Persistenz: dbm, shelve, pickle

dbm und shelve – Schnittstellen

dbm ist ein Dateisystem mit Zugriff-per-Schlüssel. Die Verwendung eines dauerhaften Objekt-shelves ist identisch, außer daß „anydbm" durch „shelve" ersetzt wird und „wert" nahezu jede Art von Python-Objekt sein kann (jedoch sind Schlüssel immer noch Strings). shelve serialisiert Objekte durch pickle und speichert sie per Schlüssel in einer dbm-Datei.

`import anydbm`
  Holt dbm, gbmd...Was gerade installiert ist.

```
file = anydbm.open('dateiname')
```
Erzeugt eine neue oder öffnet eine existierende dbm-Datei.

```
file['key1'] = wert
```
Speichern: Erzeuge oder ändere den Eintrag für 'key1'.

```
wert = file['key2']
```
Holen: Lade Wert für 'key2'.

```
count = len(file)
```
Größe: Ergibt die Anzahl gespeicherter Einträge.

```
index = file.keys()
```
Index: Hole die gespeicherte Schlüsselliste (mit for benutzbar).

```
found = file.has_key('key3')
```
Abfrage: Nachsehen, ob ein Eintrag existiert für 'key3'.

```
del file['key4']
```
Löschen: Entferne den Eintrag für 'key4'.

```
file.close()
```
Manuelles Schließen (oftmals optional).

HINWEIS

dbm-Dateien und shelves arbeiten wie Dictionaries, die vor Benutzung geöffnet werden müssen. Alle Abbildungsoperationen und einige Dictionary-Methoden funktionieren damit.

Bei dbm-Dateien kann man auch die Parameter „mode" (Dateimodus) ('r', 'w' etc.) und „protection" (Zugriffsmodus) beim open angeben, wenn gewünscht. Manche dbm-Varianten erfordern weitere Argumente.

Pickle-Schnittstelle

Konvertiert (nahezu) beliebige Python-Objekte nach/von serialisierten Byteströmen. Siehe auch cPickle (aus Geschwindigkeitsgründen in C kodiert).

```
P = pickle.Pickler(dateiobjekt)
```
Erzeugt einen neuen Pickler, der zum Speichern in einem Ausgabedateiobjekt dient.

```
P.dump(objekt)
```
Schreibt ein Objekt in die Datei/den Strom des Picklers.

```
pickle.jump(objekt, dateiobjekt)
```
Kombination der vorangegangenen beiden: Pickle ein Objekt in Datei.

```
U = pickle.Unpickler(dateiobjekt)
```
Erzeugt einen Unpickler zum Laden aus einem Dateiobjekt.

```
objekt = U.load()
```
Liest ein Objekt aus der Datei/dem Strom des Unpicklers.

```
objekt = pickle.load(dateiobjekt)
```
Kombination der vorangegangenen zwei: Unpickle Objekt aus Datei.

```
string = pickle.dumps(objekt)
```
Ergibt eine gepicklete Repräsentation von objekt als String.

```
objekt = pickle.loads(string)
```
Liest ein Objekt aus string anstatt aus einer Datei.

HINWEIS

„Pickler" und „Unpickler" sind exportierte Klassen.

„dateiobjekt" ist ein geöffnetes Dateiobjekt oder jedes Objekt, welches die von der Schnittstelle aufgerufenen Dateiobjekt-Attribute implementiert. Pickler ruft die „write"-Methode der Datei mit einem String-Argument auf. Unpickler ruft die „read"-Methode der Datei mit einem Byte-Zähler und „readline" ohne Argumente auf.

---

13 Debugger und Profiler

Der Debugger

pdb ist ein als Standard-Bibliotheksmodul verfügbarer interaktiver Python-Quellcode-Debugger.

Schnittstelle auf oberster Ebene

```
import pdb
```
Lädt das Debugger-Interface (ein in Python geschriebenes Modul).

`pdb.run(string [,globals [,locals]])`
Führt den Codestring string im Debugger aus. Der String wird als Python-Anweisungsfolge angenommen und läuft standardmäßig in Modul __main__, sofern nicht globals und/oder locals als Namensraum-Dictionaries übergeben wurden.

`pdb.runeval(string [,globals [,locals]])`
Wie `pbd.run`, jedoch wird string als ein Ausdruck angenommen und liefert sein Ergebnis ab.

`pdb.runcall(func, arg1, arg2,...)`
Führt einen Aufruf des Funktionsobjekts func mit den angegebenen Argumenten im Debugger aus. Liefert Ergebnis von func zurück.

`pdb.pm()`
Started Post-Mortem-Sitzung mit der letzten stattgefundenen Ausnahme (recht ähnlich wie das Debuggen eines Speicherabzugs).

`pdb.post_mortem(tb)`
Started Post-Mortem-Sitzung mit dem Traceback-Objekt tb.

`pdb.Pdb`
Eine konfigurierbare Debuggerklasse, welche Zustände zwischen Operationen aufhebt (z.B. Unterbrechungspunkte).

HINWEIS

Der Debugger führt ein Programm aus, bis ein Unterbrechungspunkt erreicht wurde oder bis zum Ende des Programms. Er stoppt beim Anfang, so daß man Unterbrechungspunkte setzen und fortfahren kann.

Bei run kann string jegliche Python-Anweisung in der Form eines Python-Strings sein: pdb.run("x = main('spam')").

Zum Debuggen von Skriptdateien importiere man sie, nachdem man evtl. sys.argv modifiziert hat: pdb.run('import file"). Kann ebenso Skripten im Debugger ausführen über eine Kommandozeile wie: „python libpath/pdb.py myscript.py".

Interaktive Kommandos

Jedes Kommando hat eine kurze (h) und eine lange (help) Form.
Kommandos können eingegeben werden, wann immer Pdb ange-
halten wurde.

h, help [kommando]
  Kurze Merkliste über alle Kommandos. Wenn kommando
  gegeben ist, Benutzungshinweis für spezifisches Kommando.

b, break [arg]
  Wenn arg numerisch ist, Anhalten bei Zeile arg in der aktuellen
  Datei. Wenn arg ein Funktionsobjekt ist, Anhalten bei jedem
  Eintritt in Funktion arg. Ohne arg wird die Liste der aktuellen
  Haltepunkte ausgegeben.

cl, clear [arg]
  Wenn arg numerisch ist, lösche Haltepunkt an Zeile arg in der
  aktuellen Datei. Wenn arg fehlt, werden alle Haltepunkte (mit
  Nachfragen) gelöscht.

w, where
  Gibt den aktuellen Aufrufstapel aus (Programmkontext).

u, up
  Bewegt sich um einen Stapelrahmen nach oben (Richtung
  neuerer Aufrufe).

d, down
  Bewegt sich um einen Stapelrahmen nach unten (Richtung älte-
  rer Aufrufe).

s, step
  Führt eine Zeile im Programm aus, bearbeitet Aufrufe zeilenweise.

n, next
  Führt eine Zeile im Programm aus; Aufrufe sind wie eine Zeile.

n, return
  Fährt in der Ausführung fort, bis die aktuelle Funktion zu ihrem
  Aufrufer zurückkehrt. Der Rückgabewert wird in Variable
  __return__ gespeichert.

`c, cont, continue`
 Setzt die Ausführung fort, bis der nächste Haltepunkt erreicht, eine Ausnahme ausgelöst oder das Programm beendet wird.

`a, args`
 Druckt die Argumentliste der aktuellen Funktion.

`rv, retval`
 Druckt Ergebniswert der letzten zurückgekehrten Funktion.

`p, print expr`
 Druckt den Wert von expr im aktuellen Stapelrahmen.

`l, list [first [, last ]]`
 Listet Quellcode der aktuellen Datei auf. Ohne Argumente werden elf Zeilen um die aktuelle Zeile herum oder die Fortsetzung des vorherigen Listings gelistet. Mit einem Argument listet es elf Zeilen um Zeile first herum. Mit zwei Argumenten wird der angegebene Bereich gelistet. Ist last<first, wird es als Anzahl interpretiert.

`whatis arg`
 Druckt den Typ von arg.

`! statement`
 Führt Rest der Zeile als ein Python-Statement im aktuellen Stapelrahmen aus.

`q quit`
 Hält die Ausführung unmittelbar an und verläßt den Debugger.

`<return>`
 Führt das letzte Debuggerkommando nochmals aus.

HINWEIS

Die in den Debugger eingegebenen Namen und Anweisungen werden in den Namensräumen (Gültigkeitsbereichen) ausgeführt, die beim aktuellen Anhalten des Programms aktiv waren.

Jede Eingabe, die nicht als Debuggerkommando erkennbar ist, wird als Python-Kommando zu interpretieren und im aktuellen Stapelrahmen auszuführen versucht (wie ein explizites !).

Jede Python-Anweisung kann an der Eingabeaufforderung des Debuggers eingegeben werden: def, um neue Funktionen zu definieren, „=", um Variablen zurückzusetzen, reload, um Module neuerlich zu importieren, Aufrufe usw.

In Codelistungen des Debuggers beginnt die aktuelle Zeile mit „->", und Unterbrechungspunkte beginnen mit „B".

Man verwende „global X; X = wert" zum Ändern globaler Namen, wenn im Kontext einer Funktion gestoppt wurde.

Der Profiler

Ein Profiler für Python-Code ist im Standard-Bibliotheksmodul profile verfügbar. Der Profiler führt einen String aus Code aus und liefert dann eine Statistik über das Zeitverhalten der Ausführung.

Schnittstelle auf oberster Ebene

```
import profile
```
Lädt die Profiler-Schnittstelle (ein in Python geschriebenes Modul).

```
profile.run(string)
```
Führt den Codestring string im Profiler aus. Der String sollte ein Python-Statement enthalten und wird im Namensraum von Modul __main__ ausgeführt.

```
profile.Profile
```
Anpaßbare Profiler-Klasse mit weiteren Schnittstellen.

```
import pstats
```
Modul zum nachträglichen Berichten über gespeicherte Profiler-Statistik.

14 Python-Modus für Emacs

Man tippe C-c? im Python-Modus, um ausführliche Hilfe zu erhalten. Siehe auch die Emacs OO-Browser-Unterstützung für Python.

Einrückung

Primär zur Eingabe neuen Codes:

TAB

Rückt Zeile entsprechend ein.

LF

Fügt Zeilenende ein, dann Einrückung.

DEL

Verringert Einrückung oder löscht einzelnes Zeichen. Hauptsächlich zur Neueinrückung existierenden Codes.

C-c:

Errät py-indent-offset aus dem Inhalt; ändert es lokal.

C-u C-c:

Ebenso, aber ändert global.

C-c TAB

Neueinrückung eines Bereichs, passend zum Kontext.

C-c <

Schiebt Bereich um py-indent-offset nach links.

C-c >

Schiebt Bereich um py-indent-offset nach rechts.

Bearbeitung von Codebereichen

C-c C-b

Markiert Block von Zeilen.

M-C-h

Markiert kleinstes umschließendes def.

C-u M-C-h

Markiert kleinste umschließende Klasse.

C-c #

Kommentiert Codebereich aus.

C-u C-c #

Entkommentiert Codebereich.

Bewegen des Cursors

C-c C-p

Geht zur Anweisung vor dem Cursor.

C-c C-n

Geht zur Anweisung nach dem Cursor.

C-c C-u

    Geht zum Anfang des aktuellen Blocks.

M-C-a

    Geht zum Anfang eines def.

C-u M-C-a

    Geht zum Anfang einer Klasse.

M-C-e

    Geht zum Ende eines def.

C-u M-C-e

    Geht zum Ende einer Klasse.

Ausführung von Python-Code

C-c C-c

    Sendet den gesamten Puffer an den Python-Interpreter.

C-c |

    Sendet den aktuellen Bereich.

C-c !

    Startet ein Python-Interpreterfenster. Dieses wird in nachfolgenden C-c C-c- oder C-c |-Kommandos verwendet.

Variablen

py-indent-offset

    Einrückungs-Schrittweite.

py-block-comment-prefix

    Kommentarstring für py-comment-region.

py-python-command

    Shell-Kommando für den Aufruf des Python-Interpreters.

py-scroll-process-buffer

    't' bedeutet: Rolle den Python-Prozeßpuffer immer.

py-temp-directory

    Ordner für temporäre Dateien (falls benötigt).

py-beep-if-tab-change

    Ein Signal ertönt, wenn die Tabulatorbreite (tab-width) geändert wird.

15 Python-Idiome und -Hinweise

- S[:] erzeugt eine Kopie eines beliebigen Sequenzobjekts auf oberster Ebene; copy.deepcopy(X) erzeugt Komplettkopie.

- L[:0] = [X,Y,Z] fügt Elemente am Anfang der Liste L ein; L[len(L):] = [X,Y,Z] fügt am Ende ein („+" an Ort und Stelle).

- Man benutze for key in D.keys(), um Dictionaries zu durchlaufen. Man benutze $K=D$.keys(); K.sort() zum Sortieren.

- X = A or B or None weist X das erste Objekt aus (A, B) zu, welches „Wahr" ergibt, oder None, wenn alle „Falsch" ergeben (leer).

- X, Y = Y, X vertauscht die Werte von X und Y; red, green, blue = range(3) weist Integerreihen zu.

- Man benutze if __name__ == '__main__', um Selbsttest-Code am Fuße von Moduldateien hinzuzufügen („Wahr" bei Ausführung als Hauptprogramm).

- Um eine Datei zu einem ausführbaren Skript zu machen, füge man eine Kopfzeile ein wie #!/usr/bin/env python oder #!/usr/local/bin/python.

- Kommandozeilen-Argumente: sys.argv, Umgebung: os.environ, Kanäle: sys.stdin/stdout/stderr, Expansion von Dateinamen: glob.glob("pattern").

- Ausführen von Shellkommandos: os.system("cmd") oder output=os.popen("cmd").read() oder os.fork/execv.

- Die Funktion dir([objekt]) ist hilfreich beim Inspizieren von Attribut-Namensräumen; __doc__ enthält oftmals Dokumentation (nicht immer, aber immer öfter :-)).

- print und raw_input() verwenden die sys.stdout/stdin-Ströme: Weise dateiähnliche Objekte zu, um die Ein-/Ausgabe intern umzulenken.

- Man konsultiere Python-Referenzen und -Bücher über die hier übersprungenen Themen: API zur Python/C-Integration, Tkinter GUI API, Windows-Werkzeuge (COM/ActiveX), Internet-Module, JPython usw.

- Wichtige Websites: *http://www.python.org* (Pythons Home-page), *http://rmi.net/~lutz* (Aktualisierungen dieses Büchleins).
- Man sage in Python-Beispielen immer „spam" und „eggs" anstelle von „foo" und „bar".

Index

O'Reillys Taschenbibliothek
kurz & gut

sendmail
Bryan Costales & Eric Allman, 77 Seiten, 1998, 14,80 DM
ISBN 3-89721-202-1
Die Referenz enthält alle Befehle, Optionen, Makro-Definitionen u.v.a.m. des Mail-Transfer-Agenten sendmail (V 8.8).

Perl 5, 2. Auflage
Johan Vromans, 74 Seiten, 1999, 4,80 DM
ISBN 3-89721-201-3
Übersicht über die Optionen, Operatoren, Anweisungen, Variablen, Funktionen, Ein-/Ausgabeoperationen der häufig in der Unix- und Web-Programmierung eingesetzten Programmiersprache.

Perl/Tk
Stephen O. Lidie, 120 Seiten, 1998, 14,80 DM
ISBN 3-89721-200-5
Referenz zu Perl/Tk, die sämtliche Widgets von Perl/Tk einschließlich deren Methoden und Variablen u.v.a.m. beschreibt.

Tcl/Tk
Paul Raines, 96 Seiten, 1998, 14,80 DM
ISBN 3-89721-210-2
Kompaktes Nachschlagewerk zu den Variablen von Tcl/Tk, den Optionen der verschiedenen Widgets u.v.a.m.

Python
Mark Lutz, 68 Seiten, 1999, 14,80 DM
ISBN 3-89721-216-1
Diese Sprachreferenz gibt einen Überblick über Python-Statements, Datentypen, eingebaute Funktionen, häufig verwendete Module und andere wichtige Sprachmerkmale.

Open Source
O'Reilly & Associates, Inc.
72 Seiten, 1999, 5,- DM Schutzgebühr
ISBN 3-89721-222-6
Freie Software bedeutet nicht einfach kostenlose Programme, sondern freie Verfügbarkeit der Quellkodes zur ständigen Weiterentwicklung und Verbesserung. Das Buch stellt die kontroversen Positionen innerhalb der Bewegung und die wichtigsten Projekte vor.

O'Reillys Taschenbibliothek
kurz & gut

Oracle PL/SQL
Steven Feuerstein, John Beresniewicz & Chip Dawes
98 Seiten, 1999, 14,80 DM
ISBN 3-89721-217-X

Referenz zu Oracles prozeduraler Programmiersprache PL/SQL, einschließlich der Oracle 8i Erweiterungen.

Oracle PL/SQL Built-ins
Steven Feuerstein, John Beresniewicz & Chip Dawes
68 Seiten, 1999, 14,80 DM
ISBN 3-89721-212-9

PL/SQL Built-in-Funktionen und Built-in Packages im Überblick eine handliche Referenz für Oracle-Datenbankprogrammierer und -administratoren.

Windows NT
Æleen Frisch, 70 Seiten, 1998, 14,80 DM
ISBN 3-89721-206-4

Alphabetisch geordnete Zusammenfassung aller NT-Kommandos und der wichtigsten Befehle der NT-Scriptsprache sowie eine Aufstellung von Web-Ressourcen und Software.

Stoppt Spam
Alan Schwartz & Simson Garfinkel, 75 Seiten, 1999, 14,80 DM
ISBN 3-89721-221-8

Tips, die helfen, die Flut von unerwünschten E-Mails zu stoppen: Wie man diese Mails abblockt, filtert und richtig auf sie reagiert.

O'Reillys Tierleben
Mitarbeiter von O'Reilly in den USA und Deutschland
80 Seiten, 1999, Sonderband 5,- DM Schutzgebühr
ISBN 3-89721-220-X

Informationen zu den faszinierendsten Covertieren der O'Reilly-Bücher sowie zur Coveridee und der Geschichte des Verlags.

Smileys
David Sanderson, 96 Seiten, 1995, 9,90 DM, ISBN 3-930673-06-1

Für den täglichen Gebrauch oder zum Schmunzeln und Entspannen: 650 Smilys und ihre Bedeutungen.